DIE IRRE GESCHICHTE DER GLOBALISIERUNG

ZEICHNUNGEN **ENZO**

SZENARIO **ISABELLE BENSIDOUN** UND **SÉBASTIEN JEAN**

KOLORIERUNG **SANDRINE BONINI** UND **ÉLISE FOLLIN**

DIE IRRE GESCHICHTE DER GLOBALISIERUNG

Mit einem Vorwort von
Rudolf Hickel

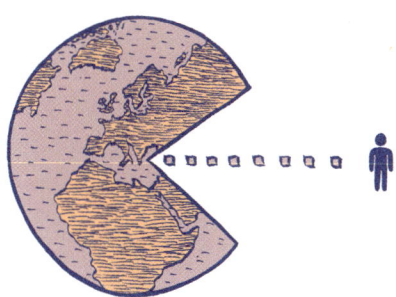

Verlagshaus Jacoby & Stuart

Ein Comic mit wirtschaftswissenschaftlichem Tiefgang

In der Tat, die Globalisierung ist eine „irre Geschichte", aber auch eine schwer durchschaubare. Die profitwirtschaftliche Eroberung der Weltwirtschaft setzt sich nicht gradlinig durch, allerdings in abgrenzbaren Etappen. Im Unterschied zum früheren Imperialismus zur Ausbeutung von Kolonien treiben die aggressiv auftretenden multinationalen Konzerne die heutige Globalisierung voran. Ihnen geht es um die Suche nach dem billigsten Produktionsstandort irgendwo in der Welt. Allerdings behindert diese einseitige Dynamik die großen Chancen einer weltweit fairen Arbeitsteilung. Der Superökonom Joseph Stiglitz hat in seinem großartigen Standardwerk aus dem Jahr 2002 die dominierenden „Schattenseiten der Globalisierung", die es zu überwinden gilt, scharfsinnig herausgearbeitet.

Den Megatrend von den Nationalökonomien zur Globalisierung kennzeichnet ein tiefgreifender Widerspruch. **Einerseits** werden nicht nur die Wirtschaft, die Gesellschaft und die zuvor national beschränkte Politik komplett durcheinandergewirbelt. Bis in die persönlichen Verhältnisse und das individuelle Verhalten hinein dominiert das Diktat der profitwirtschaftlichen Anpassung in Richtung billiger, das heißt niedriger sozialer und ökologischer Standards. Gegenüber der real wirksamen Wucht dieser weltweiten Konkurrenz sind **andererseits** ärgerliche Defizite beim handlungsrelevanten Wissen über die komplexen Ursachen- und Wirkungszusammenhänge unübersehbar. Globalisierung ist heute eher ein unscharfes weasel word: Alles, was vor allem im sozial-ökonomischen und neuerdings auch im ökologischen Bereich mit der Überschreitung der nationalen Grenzen Belastungen

auslöst, wird zum diffusen Beleg gegen die Globalisierung verallgemeinert. Solche Vorurteile und Trugschlüsse schaffen dann das Klima für den rechten Populismus. Sie stärken die dumpfe Sehnsucht nach der von ausländischen Einflüssen befreiten Nation. Nochmals, dagegen hilft nichts als Aufklärung über Risiken, aber eben auch über die Chancen der Internationalisierung.

Wer jedoch Aufklärung über die Triebkräfte und Auswirkungen der Globalisierung sucht, sieht sich mit einer widersprüchlichen Vielfalt an Publikationen konfrontiert. Das Angebot zwischen Jubelliteratur gegenüber untauglicher Katastrophenliteratur macht die Orientierung schwierig. Jedenfalls ist Bedarf an verständlicher Argumentation riesengroß. Da kommt der Comic zur „Irren Geschichte der Globalisierung" – jetzt endlich auch in deutscher Sprache – wie gerufen. Statt eines langatmigen, schwer durchdringbaren Textes gelingt es, im klugen Dialog zwischen den Diskutierenden die komplexen Zusammenhänge bestens aufzuarbeiten. Dem Comic-Muster folgend, werden Dialoge durch passende szenische Bilder untermalt. Anerkennung verdient die Absicht, auch in diesem Comic wirtschaftswissenschaftlich fundiert zu argumentieren. So lassen sich die vielen Fehlschlüsse sowie die Ideologiebildung dechiffrieren. Für den Erfolg dieses Comics mit analytischem Tiefgang stehen drei Personen, die in ihrem „normalen" Leben in der Wirtschaftswissenschaft produktiv tätig sind: der Grafiker Enzo, Pseudonym eines Journalisten für „alternative Ökonomie", Isabelle Bensidoun, Wirtschaftswissenschaftlerin mit dem Forschungsgebiet internationale Wirtschaft, und Sébastien Jean, Direktor im renommierten französischen Think Thank für internationale Wirtschaft.

Das Team verzichtet auf die übliche Art der im Wissenschaftsbetrieb vorherrschenden Verklausulierung mit elitär daherkommenden Sprachmonstern. Produziert werden empirisch abgesicherte und theoretisch begründete Basisaussagen zum Fluch, aber auch zum Segen der Globalisierung. Die hier in Kästen und Sprechblasen verpackten Erkenntnisse verdienen es, die vielen substanzlosen Aussagen in den vorherrschenden Lehrbüchern der Mainstream-Economics zu ersetzen. Werden lokale Bezüge bei der dialogischen Gesprächsabfolge dieser „Irren Geschichte der Globalisierung" hergestellt, dann dominieren Bildmotive zu Paris. Das sollte für den deutschsprachigen Interessenten kein Hindernis sein. Dieser ortsunabhängige Globalisierungsdialog ließe sich auch mit Motiven aus deutschen Metropolen wie Berlin, Hamburg oder Frankfurt a. M. illustrieren. Insgesamt faszinieren diese künstlerisch gelungenen Motivbilder. Bild und Text zusammen erleichtern den Zugang zu den Erkenntnissen. Dazu ein Beispiel: Eine der aufwühlenden Grafiken dient der Aufklärung über die unter dem Regime der Globalisierung wachsende Dominanz der weltweit agierenden Finanzmärkte gegenüber der ökonomische Werte schaffenden Produktionswirtschaft. In der Grafik symbolisiert der Hai mit aufgerissenem Maul die gefräßige Finanzwirtschaft, die sich gegen das vollgepackte Containerschiff – ein Hinweis auf die Transporte der Produktionswirtschaft über die Meere – richtet. Es geht um die Finanzmarktkrise 2008/2009, die erste Megakrise in der jüngsten Etappe der Globalisierung.

Gegen Ende dieses Globalisierungscomics wirft das wirtschaftswissenschaftlich informierte Triumvirat die Frage auf: „Verträgt sich die Globalisierung mit dem Umweltschutz?" Die Antwort könnte klarer nicht sein: Eine globale, alle Nationen einbindende Ordnungspolitik im Kampf gegen die Klimakrise entscheidet am Ende über das Überleben der Weltbevölkerung. Globalisierung wird aus der grenzenlosen Umweltkrise heraus zur alternativlosen Verpflichtung der gesamten Welt.

Am Ende konzentriert sich der Comic auf die Rolle der Globalisierung als „Nährboden des Populismus". Generell würde in der Bevölkerung die Globalisierung nicht als weltpolitische Chance, sondern nur als Import von störendem Fremden wahrgenommen. Die materiellen Ängste etwa durch den Export von Jobs in andere Regionen der Welt schlachtet die nationalistische Rechte aus. Zutreffend wird festgestellt: „Wie auch immer: Selbst, wenn die Globalisierung nicht die alleinige Ursache für den Aufstieg des Populismus ist, so hat sie doch dazu beigetragen. Und was das Pulver entzündet, ist der Funke." Daraus folgt zweierlei: Ein Zurück in die Enge des miefig abgeschotteten Nationalstaats ist nicht nur ökonomisch dumm, weil in der Summe mehr an Wohlstandsverlusten erzeugt wird. Dagegen steht alternativlos die wettbewerblich geordnete sowie die sozial und ökologisch gestaltete Globalisierung, mit der die heutigen Defizite und Risiken infolge der profitwirtschaftlichen Dynamik sich reduzieren lassen.

All dies begreifbar zu machen und vor allem Ideen zur Stärkung einer fairen Globalisierung zu präsentieren, dazu liefert der hier vorgelegte, in die Tiefe gehende Dialog einen eindrucksvollen und lesenswerten Beitrag. Ich wünsche diesem Werk im Dienst der Aufklärung über die Internationalisierung der Wirtschaft den verdienten Erfolg weit über die Fachdiskurse hinaus. In den Bildungseinrichtungen vor allem in den Hochschulen gehört dieser Comic auf die Liste der Literaturempfehlungen.

Rudolf Hickel

Enzo ist das Pseudonym eines Journalisten für »alternative Ökonomien«, der ein Honigbonbon nach dem anderen lutscht, um tagsüber zu schreiben und nachts zeichnen zu können. Er stammt aus Poitiers, Hauptstadt des Ziegenkäses und der Fanzines, und zeichnet regelmäßig für die Zeitschrift »Oblik«. Er ist der Autor des Plakatbuchs »Es ist verboten, das Plakatieren zu verbieten«, das die Grafiken vom Mai 1968 dem heutigen Zeitgeschmack anpasst. Sein Autorenhonorar wird seinem Zahnarzt ein Vermögen einbringen, dessen Berufung es ist, ein immer schlechter werdendes Gebiss zu retten.

Isabelle Bensidoun ist in der Nähe von Paris geboren. Sie begeistert sich für die Rolling Stones, den Ökonomen Dani Rodrik, Spinoza und das Tanzen. Ihr Forschungsgebiet ist die internationale Wirtschaft, und nichts liegt der Wirtschaftswissenschaftlerin mehr am Herzen als die gemeinverständliche Darstellung; ein Großteil ihrer Arbeitszeit widmet sie der Aufgabe, die Studien ihrer Kollegen und Kolleginnen einem größeren Publikum verständlich zu machen und dadurch mehr Information in die öffentliche Debatte zu bringen. Sie gehört zur Chefredaktion des Jahrbuchs »L'Économie Mondiale« (bei La Découverte). Um beweglich zu bleiben, macht sie beharrlich Übungen nach den Methoden von Feldenkrais und Mézières. Außerdem und vor allem ist sie die Mutter von Alice.

Sébastien Jean ist in Arles geboren. Nach einem Ingenieursstudium wandte er sich der internationalen Wirtschaft zu, weil er versuchen wollte, die Welt zu verstehen, in der wir leben. Er ist Direktor des CEPII, dem führenden französischen Think Tank für internationale Wirtschaft. Seine Forschung gilt vor allem dem internationalen Handel und der Weltwirtschaft. Er interessiert sich auch für die Geschichte des 19. Jahrhunderts, das Hochgebirge im Sommer und Winter, die italienische Küche sowie das Poker- und das Canastaspiel. Nachdem er lange hinter Wasserpolo-Bällen hergeschwommen ist, zieht er sich in letzter Zeit lieber in ein Rennruderboot zurück und übt dort, wenn die Pandemielage es erlaubt.

Womit sollen wir anfangen?

Da ist es ja ...

Und was wollen wir sagen?

Ich warne euch – ich habe keine Ahnung von Comics.

Außer viel-leicht denen von Loustal.

Das macht nichts.

Es ist nie zu spät, sich damit zu beschäftigen.

Globalisierung, das sagt ja schon das Wort, ist ein weites Feld ...

Genau. Wir sollten mit der Definition von »Globalisierung« anfangen.

Also, worum geht es uns?

Das ist etwas, das für viele Leute etwas ganz Abstraktes ist.

Ja, aber wenn eine Firma ihre ganze Produktion ins Ausland verlegt, ...

... dann ist das für die, die ihren Job verlieren, ganz konkret!

Das ist richtig, doch man kann die Globalisierung nicht auf die Ausla-gerung der Produktion reduzieren.

Die Globalisierung zerstört Arbeitsplätze in dem einen Sektor, doch schafft sie auch neue in anderen Sektoren.

Es gibt Gewinner und Verlierer.

Als Verbraucher schätzen wir die niedrigen Preise im Supermarkt.

Als Angestellte oder Arbeiter fühlen wir uns bedroht.

Meiner Meinung nach sollten wir von der Wahrnehmung ausgehen, die die Menschen von der Globalisierung haben, um anschließend der Frage nachzugehen, ob diese Wahrnehmung begründet ist oder nicht.

Wir alle sind etwas schizophren, was die Globalisierung betrifft.

Also: Gibt es einen Unterschied zwischen der Wahrnehmung der Globalisierung und der Weise, wie sie wirklich funktioniert?

Fangen wir also mit eurer eigenen Wahrnehmung an, bevor wir uns überlegen, wie andere das sehen!

Wie meinst du das?

Für euch ist die Globalisierung der Gegenstand eurer Forschung. Wir sollten eure wirtschaftswissenschaftliche Sichtweise im Laufe des Buchs entwickeln.

Doch bevor wir damit anfangen, würde ich gern eure persönliche Sichtweise als Bürger, als Konsumenten und Angestellte kennenlernen, und nicht als die von Forschenden.

Konkret: Wie würdet ihr Globalisierung für euch persönlich definieren? Was für Vorstellungen verbindet ihr damit?

Nicht so einfach, darauf zu antworten und dabei von dem zu abstrahieren, was wir als Forschende wissen! Okay, ich versuch's trotzdem.

Ich hatte das Glück, beinahe mein halbes Leben ohne die Globalisierung, wie man sie heute kennt, zubringen zu können.

Du brauchst dir gar nicht die Mühe machen auszurechnen, wie alt ich bin, Enzo, denn du weißt noch nicht, wann für mich die Globalisierung begonnen hat ...

Also, ich fang mal an.

Positiv an der Globalisierung finde ich, ist, dass ich einen besseren Zugang zum »Anderen« habe, also zu dem, was anders, was mir zunächst fremd ist.

Die Globalisierung ist gewissermaßen das, was mir das Andere näherbringt.

Hmm, ich weiß nicht, ob man das so sagen kann, aber das ist, was mir einfällt.

Es ist die Möglichkeit, Dinge zu haben, die man früher nur im Ausland bekommen konnte. Nun gut, es war ja auch nicht alles schlecht damals, als man sich physisch woandershin aufmachen musste, um daranzukommen, doch mit der Globalisierung ist das für viel mehr Menschen möglich. Ich meine auch für die, die nicht die Mittel haben zu reisen.

Globalisierung bedeutet also ein Offensein, nicht nur kommerziell und finanziell (womit sich die Wirtschaftswissenschaft beschäftigt), sondern auch ein Offensein für andere Menschen.

Die Kehrseite der Medaille ist die, dass wir heute, wenn wir verreisen, mehr als früher dasselbe vorfinden wie zu Hause. Es ist nicht leicht, noch etwas wirklich Exotisches zu finden! Also mehr Diversität zu Hause, aber global mehr Einheitlichkeit.

Und die Globalisierung, so wie sie sich bisher entwickelt hat, hat auch nicht wenige negative Auswirkungen gehabt.

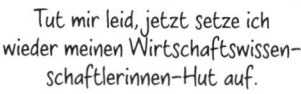

Tut mir leid, jetzt setze ich wieder meinen Wirtschaftswissenschaftlerinnen-Hut auf.

Sie hatte ihre negativen Auswirkungen auf die Beschäftigung und die Löhne derer, die es nicht so gut getroffen haben ...

... und um die man sich kaum gekümmert hat.

Und wir sollten auch den Finanzsektor nicht vergessen, denn wenn der nicht hinreichend eingehegt wird, trägt er den Keim für Krisen mit verhängnisvollen Auswirkungen auf die Realwirtschaft in sich.

Dies wiederum führt heute zu einer Ablehnung der Globalisierung, die einen Rückzug auf das Selbst mit sich bringt, das heißt, eine identitäre Abkapselung, die meist mit Fremdenhass einhergeht.

Und sich auf sich selbst zurückzuziehen ist das Gegenteil von Offenheit.

Also Enzo, in dem ich schnell auf deine Frage geantwortet habe, habe ich, glaube ich, bereits einiges von der Botschaft preisgegeben, die mir am Herzen liegt: Wie auch so vieles Andere ist die Globalisierung weder schwarz noch weiß, und ich finde, genau das sollten wir in diesem Comic darstellen.

Ich habe den Eindruck, dass Globalisierung zum Schlagwort geworden ist, das jeder auf seine Weise nutzt.

Für manche Leute hat sie eine Entwicklung möglich gemacht, die Millionen Menschen aus dem Elend befreit hat.

Sie ist es, die nicht nur erlaubt, mit einem Klick in Erfahrung zu bringen, was am anderen Ende der Welt passiert, sondern sogar, dort-hin zu reisen und Zugang zu den raffiniertesten Gütern zu haben.

Für andere wiederum ist sie die Ursache für zunehmende Ungleichheit, für die Zerstö-rung der Umwelt und für die Ohnmacht der einzelnen Staaten.

Das ist in Kurzform un-gefähr das, was unsere Zeit charakterisiert, was es un-möglich macht, die ganze Komplexität des Phänomens zu ermessen und vor allem zu un-terscheiden zwischen dem, was wir selbst gewählt haben und dem, was einfach geschehen ist. Oder, anders gesagt, dem, was wir ändern können und dem, was wir nicht ändern können. Als Ganzes gesehen, kommt uns die Welt möglicherweise kleiner vor, denn Menschen und Waren durchqueren sie in immer kürzerer Zeit.

Doch was ich persönlich fühle ist, dass »meine Welt« viel größer ist als die meiner Vorfahren.

»Meine Welt«, das sind die Menschen, die mit mir interagieren, denn ihre Entscheidungen, ihre Handlungen und ihre Absichtserklärungen können mich direkt betreffen.

Im Zeichen der Globalisierung sind wir im Guten wie im Bösen von viel mehr Menschen abhängig.

Und man muss nicht weit schweifen, um das festzustellen. Guck doch mal um dich und sag mir, was da noch ausschließlich französisch ist.

Zum Beispiel mein Bleistift hier. Ein ganz einfaches Modell, made in France.

Okay, das heißt dann, dass er mit einheimischem Holz in unserem Land hergestellt worden ist. Doch die Mine besteht wahrscheinlich aus natürlichem Graphit, und das wird in Frankreich schon seit 1930 nicht mehr abgebaut.

Zwei Drittel der weltweiten Förderung stammen aus China, wo sich vier Fünftel der bekannten Reserven befinden. In ganz Europa ist die Produktion kaum der Rede wert …

Wenn es jedoch gewollt wäre, könnten wir viel mehr komplett in Frankreich hergestellte Produkte haben.

Das ist richtig. Aber ist es auch wünschenswert?

1. Teil

Alle im selben Boot

Frankreich ist – wie Deutschland – sehr globalisiert, mehr noch, als die meisten Menschen glauben. So sehr, dass »Made in France« oder »Made in Germany« nicht mehr viel besagt. Und es sind nicht nur Waren, für die Grenzen kaum noch eine Bedeutung haben. Die Globalisierung betrifft auch das Finanzwesen und – in geringerem Maße – die Dienstleistungen und die Menschen. Wir sind sehr voneinander abhängig geworden.

Wenn man die Franzosen fragt, welche Begriffe sie mit »Globalisierung« zusammenbringen, bekommt man unterschiedliche typische Antworten.*

Diese drei Begriffe kommen zusammen auf 25% der Antworten. Für diese Menschen ist Globalisierung vor allem eine Angelegenheit des großen Geldes und das Produkt eines Wirtschaftssystems.

Es geht auch um Interaktionen, den Flow.

Alles vermischt sich, und die wechselseitigen Einflüsse beschränken sich nicht auf die Wirtschaft.

*zu den Quellen im Einzelnen s. S. 242 bis 245

Schließlich gibt es nicht nur Gewinner der Globalisierung!

Quelle: Meinungsumfrage OpinionWay für Le Printemps de l'économie, März 2018

Ich fasse zusammen: Es geht um wirtschaftlichen Austausch und wechselseitige Beeinflussung sowie ihre Auswirkungen auf unser Alltagsleben.

Die Franzosen sehen das Phänomen also eher in einem günstigen Licht, wenn wir dieser Umfrage trauen.

Ja, so ist es.

Wenn wir das etwas systematischer angehen wollen, sollten wir sagen: Globalisierung bedeutet erhebliche wechselseitige Abhängigkeit der einzelnen Länder.

Wir beobachten diese Abhängigkeit in fast allen Aspekten des Wirtschaftslebens und darüber hinaus.

Bei den Produkten, die Franzosen oder Deutsche heute konsumieren, sind ausländische Marken allgegenwärtig.

Wenn wir einmal von der Energie absehen, sind beinahe die Hälfte unserer Konsumgüter importiert. (In Deutschland sind das etwa 40 %).

Das heißt, dass ein Großteil der Produkte, die unseren Einkaufswagen füllen, anderswo hergestellt worden ist, in einem anderen Land.

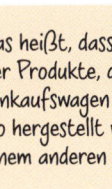

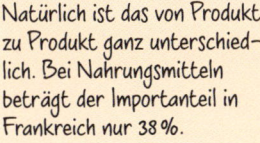

Natürlich ist das von Produkt zu Produkt ganz unterschiedlich. Bei Nahrungsmitteln beträgt der Importanteil in Frankreich nur 38 %.

Aber bei elektrischen Maschinen und Ausrüstungen und Elektronik machen die importierten Produkte an die 90 % aus.

Mit anderen Worten, sehr viele dieser Produkte werden in Frankreich überhaupt nicht oder nicht mehr hergestellt.

Bei Kühl- und Gefrierschränken beispielsweise.

Oder Recycling-Papier: Die letzte Fabrik dafür in Frankreich hat im März 2019 zugemacht.

Was Fotoapparate betrifft, so hat ein Start-Up in Frankreich gerade begonnen, ein hochwertiges Modell zu produzieren, doch zuvor wurden schon seit 40 Jahren keine Foto-apparate mehr hergestellt.

Und für Bälle gibt es in ganz Frankreich nur noch eine Fabrik.

Gibt es in Wirklichkeit so etwas wie »Made in France?«

Am 19. Oktober 2012, in einem Interview für das »Parisien Magazine«:

Ich möchte, dass es Regale nur mit »Made in France« gibt.

Arnaud Montebourg, seinerzeit Minister für Wirtschaft und Förderung der Produktion

Aber gibt es das überhaupt noch, ein komplett in Frankreich hergestelltes Produkt?

Das ist selten geworden, sieht man einmal von ganz einfachen Produkten ab. Wieder einmal kommen die Werkzeuge, die Maschinen und die Energie, die für ihre Herstellung gebraucht wurden, häufig aus dem Ausland.

Selbst die von Montebourg so geschätzten Matrosenhemden sind aus Baumwolle, die von allen Ecken der Welt kommt.

Dazu kommt, dass das Matrosenhemd für Armor-Lux ein ungewöhnliches Produkt ist, denn im Allgemeinen wird das Angebot dieser Marke eher im Ausland produziert.

Herkunft der Produkte von Armor-Lux

Frankreich 40 %

Osteuropa 10 %

Maghreb 45 %

Asien 5 %

Quelle: »Arrêt sur images«

Das Label »Made in France« bedeutet lediglich, dass das Produkt seine letzte wesentliche Transformation in Frankreich durchgemacht hat.

29

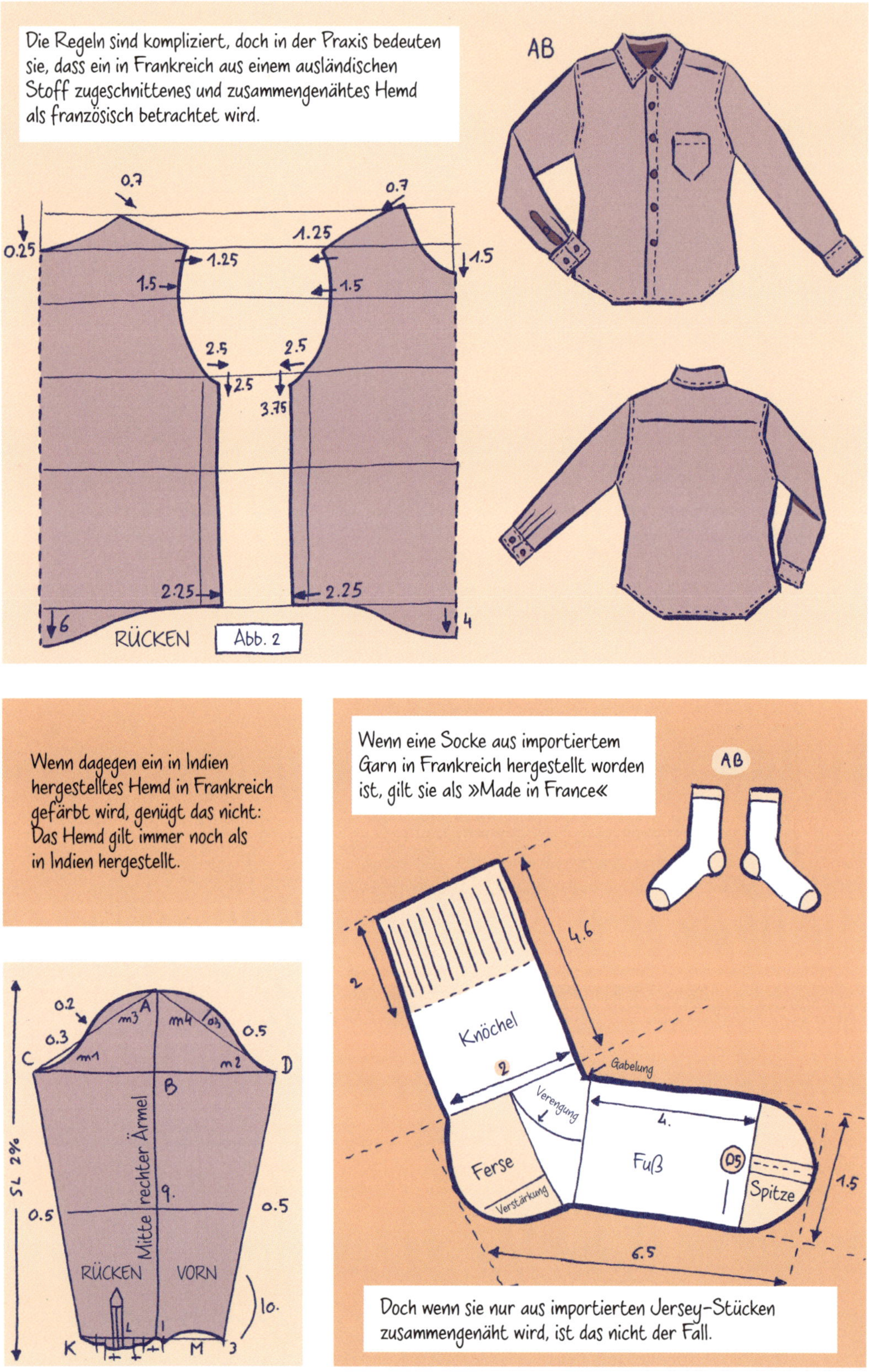

Die Regeln sind kompliziert, doch in der Praxis bedeuten sie, dass ein in Frankreich aus einem ausländischen Stoff zugeschnittenes und zusammengenähtes Hemd als französisch betrachtet wird.

AB

0.7   0.7
1.25
0.25   1.25   1.5
1.5   1.5
2.5   2.5
2.5
3.75

2.25   2.25
6   4
RÜCKEN   Abb. 2

Wenn dagegen ein in Indien hergestelltes Hemd in Frankreich gefärbt wird, genügt das nicht: Das Hemd gilt immer noch als in Indien hergestellt.

Wenn eine Socke aus importiertem Garn in Frankreich hergestellt worden ist, gilt sie als »Made in France«

AB

4.6

2

Knöchel
2
Gabelung
Verengung
4.
Ferse   Fuß   D5
Verstärkung   Spitze   1.5
6.5

Doch wenn sie nur aus importierten Jersey-Stücken zusammengenäht wird, ist das nicht der Fall.

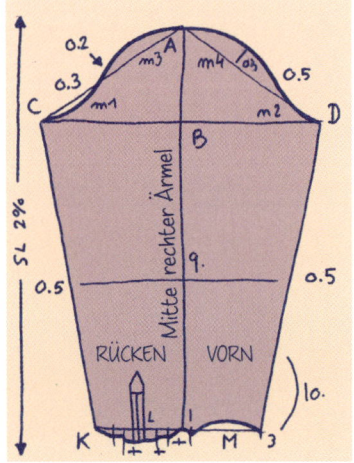

0.2
0.3   m3 A   m4   a5   0.5
C   m1   m2   D
B
SL 2%   Mitte rechter Ärmel   9.
0.5   0.5
RÜCKEN   VORN
10.
K   L   M   3

Wenn es sich um eine Waschmaschine handelt, muss der Fabrikant nachweisen, dass mindestens 45 % des Produktwerts in Fertigungsschritten in Frankreich entstanden ist.

Also auch, wenn wir französische Produkte konsumieren, kaufen wir einen Teil davon anderswo.

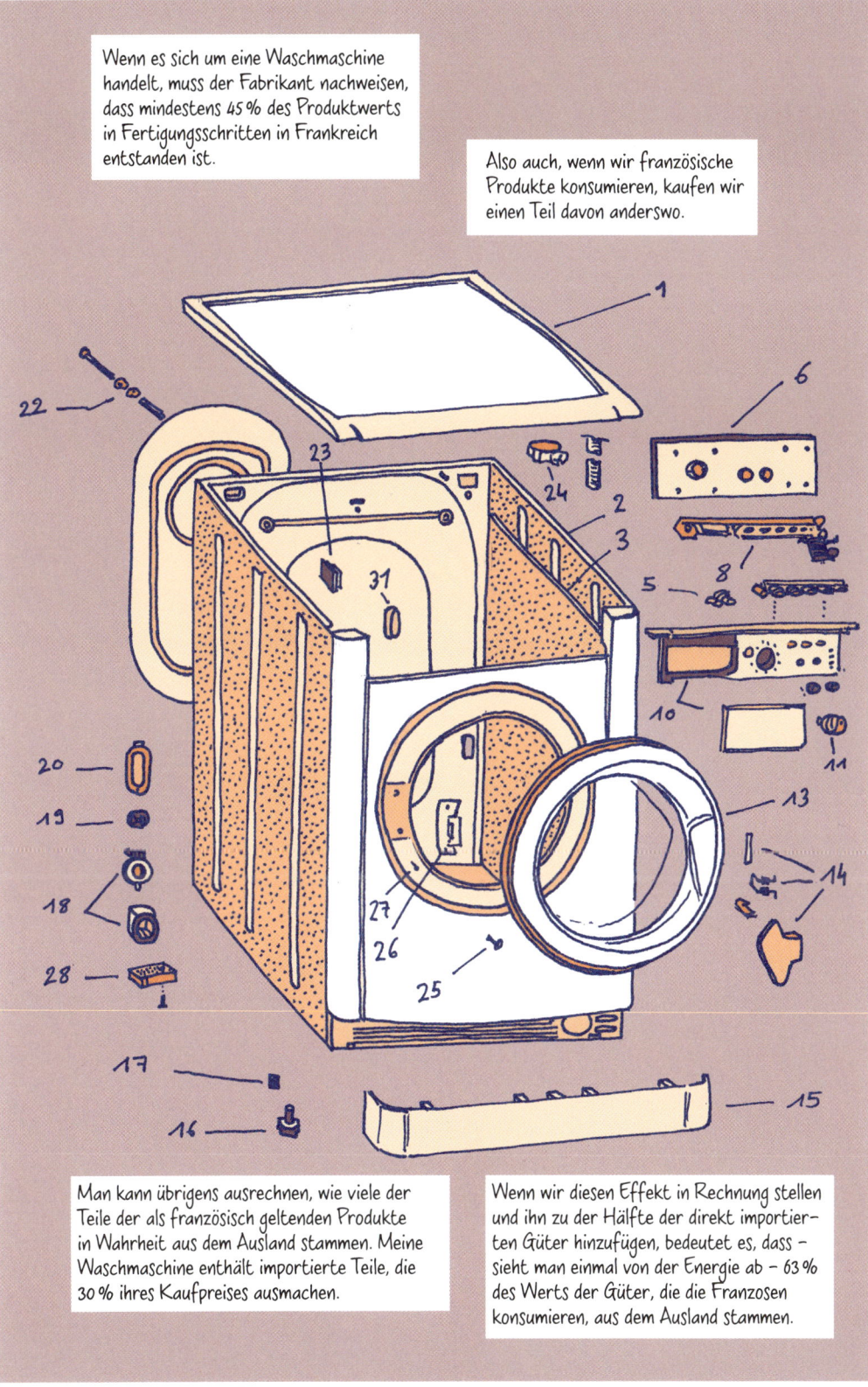

Man kann übrigens ausrechnen, wie viele der Teile der als französisch geltenden Produkte in Wahrheit aus dem Ausland stammen. Meine Waschmaschine enthält importierte Teile, die 30 % ihres Kaufpreises ausmachen.

Wenn wir diesen Effekt in Rechnung stellen und ihn zu der Hälfte der direkt importierten Güter hinzufügen, bedeutet es, dass – sieht man einmal von der Energie ab – 63 % des Werts der Güter, die die Franzosen konsumieren, aus dem Ausland stammen.

Für die Franzosen besteht dieses Ausland zu etwas mehr als der Hälfte aus den anderen europäischen Ländern.

EU

Woher stammten in Frankreich (bzw. Deutschland) 2015 die Direktimporte oder in den Konsumgütern (außer Energie) enthaltenen ausländischen Komponenten (außer Energie)?

55 %
(57 %)

China

USA

7,7 %
(10 %)

8 %
(57 %)

Doch der Rest ist nicht zu vernachlässigen: Die USA und China trugen jeweils nicht viel weniger als 10 % bei.

Die schwarzen Zahlen in Klammern beziehen sich auf Deutschland.

Quelle: Insee; für die deutschen Zahlen Statista

Aber wir sprechen jetzt ja nur über Güter, wo wir doch vor allem Dienstleistungen kaufen.

Das ist richtig. Dienstleistungen machen 80 % unseres Konsums aus, und die meisten sind nicht importiert.

Wir fahren nicht ins Ausland, um uns die Haare scheiden oder unser Auto reparieren zu lassen. Auch nicht, um eine Schule für unsere Kinder zu finden oder für die Pflege. Meistens jedenfalls nicht. Und für ganz wesentliche Dinge ist der öffentliche Sektor zuständig.

Trotzdem importieren wir in einigen Fällen Dienstleistungen.

Zum Beispiel, wenn wir uns von einer ausländischen Fluggesellschaft befördern lassen.

Oder wenn wir ins Ausland telefonieren oder wenn wir eine ausländische Bank oder Versicherung wählen.

Oder wenn wir ausländische Apps oder Online-Dienste nutzen.

Und wir sollten nicht vergessen, was wir bei Auslandsreisen ausgeben (Restaurant-, Hotel-, Transportkosten usw.). Auch das sind importierte Dienstleistungen. All dies zusammen stellt 1% unseres Konsums von Dienstleistungen dar.

Doch auch wenn die Dienstleistung in Frankreich erfolgt, kann ein Teil ihres Werts importiert sein. Zum Beispiel, wenn man zum Arzt geht.

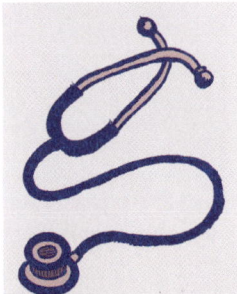

Es fängt damit an, dass er, wenn er nicht zur ganz alten Schule gehört und mit Karteikarten arbeitet, einen Computer hat, der mit großer Sicherheit ausländischer Herkunft ist (es werden zwar ein paar in Frankreich hergestellt, doch das ist nur ein winziger Teil). Dazu kommen sein Telefon und andere elektronische Geräte.

Die Programme, die er nutzt, sind höchstwahrscheinlich ebenfalls ausländischer Herkunft, egal, ob es sich um das Betriebssystem, das Programm für die Patientenverwaltung oder das für die Buchhaltung handelt.

Je nach Spezialisierung benutzt er eine Reihe von Verbrauchsgütern wie Desinfektionsmittel, Spatel, OP-Masken, Handschuhe und dergleichen – ein Großteil davon ist importiert.

Und wenn er ein Gerät für medizinische Bildgebung braucht, gilt auch hier mit großer Wahrscheinlichkeit, dass es von einer ausländischen Firma stammt: Siemens Healthineers in Deutschland, General Electric in Amerika, Philips in Holland und Canon in Japan teilen sich hier mehr als drei Viertel des Weltmarkts.

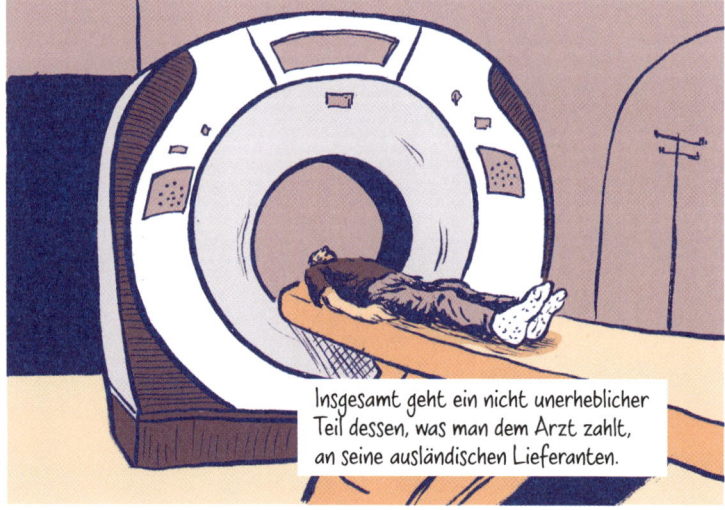

Insgesamt geht ein nicht unerheblicher Teil dessen, was man dem Arzt zahlt, an seine ausländischen Lieferanten.

Auch wenn wir mit der Bahn fahren, bezahlen wir beim Kauf des Fahrscheins die ausländischen Lieferanten der Bahngesellschaft mit.

Beim öffentlichen Verkehr insgesamt stellen die Importe beinahe ein Viertel der Kosten dar.

Sogar die staatlichen Dienstleister haben zahlreiche ausländische Ausstatter. Sie stehen für fast 7 % der gesamten Kosten.

MADE IN CHINA

MADE IN SWEDEN

MADE IN BRASIL

MADE IN CHINA

MADE IN JAPAN

Wenn man alle Bereiche zusammenzählt, gehen fast 10 % dessen, was wir für Dienstleistungen bezahlen, an ausländische Firmen.

Wo wird eine Jeans hergestellt?

Der fertige Jeansstoff gelangt dann vielleicht nach Tunesien, wo die Jeans zusammengenäht wird.

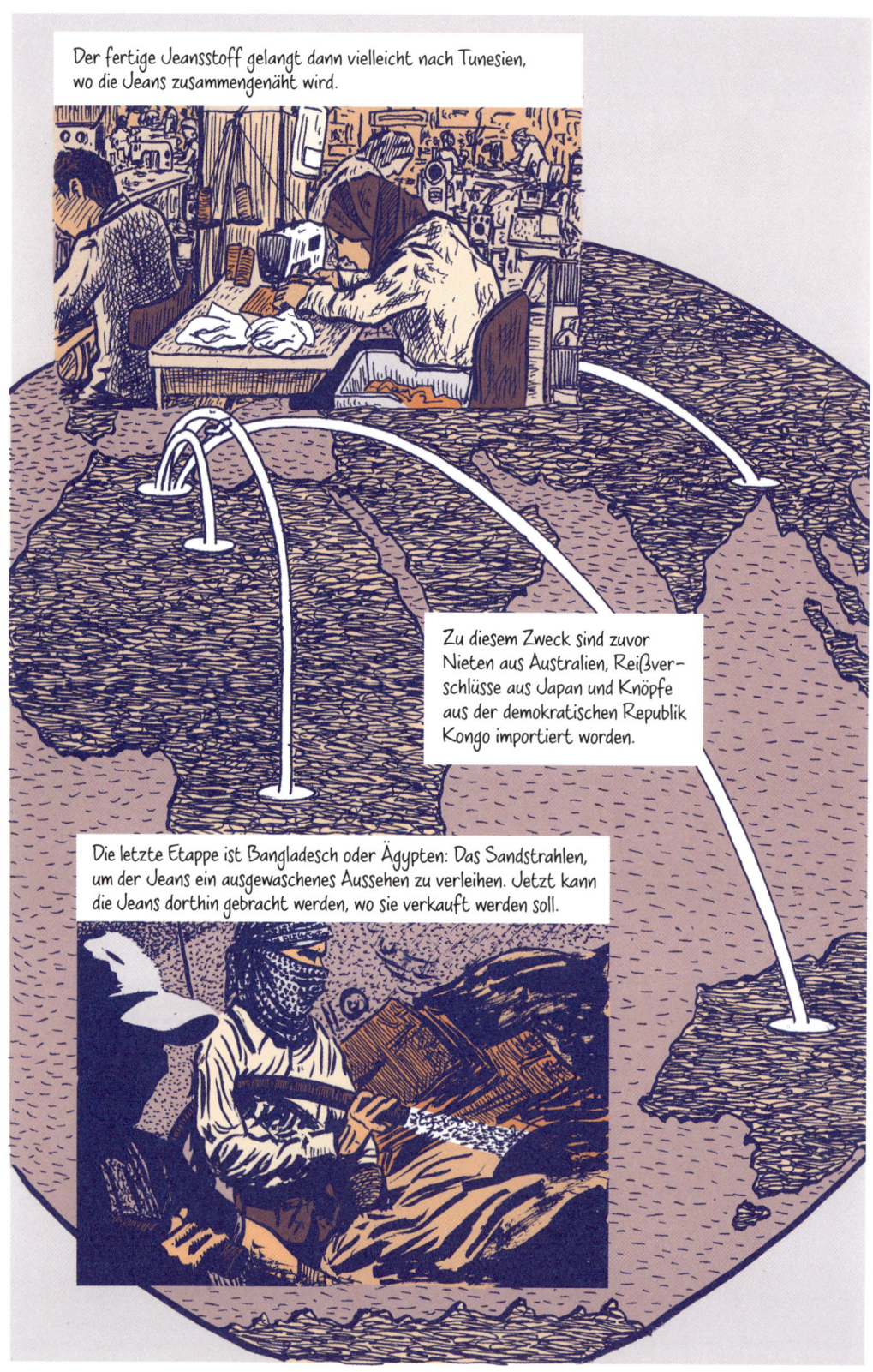

Zu diesem Zweck sind zuvor Nieten aus Australien, Reißverschlüsse aus Japan und Knöpfe aus der demokratischen Republik Kongo importiert worden.

Die letzte Etappe ist Bangladesch oder Ägypten: Das Sandstrahlen, um der Jeans ein ausgewaschenes Aussehen zu verleihen. Jetzt kann die Jeans dorthin gebracht werden, wo sie verkauft werden soll.

Und was wird nun als Herkunft der Jeans angegeben?

»Hergestellt in Tunesien«, denn das war die letzte Etappe. (Das Sandstrahlen hat sie nicht genug verändert, um Bangladesch als Ursprungsland anzugeben.)

Indien, Pakistan, China, Tunesien, Australien, Japan, Kongo, Bangladesch: Das sind immerhin acht Länder, die an der Herstellung dieser Jeans beteiligt waren!

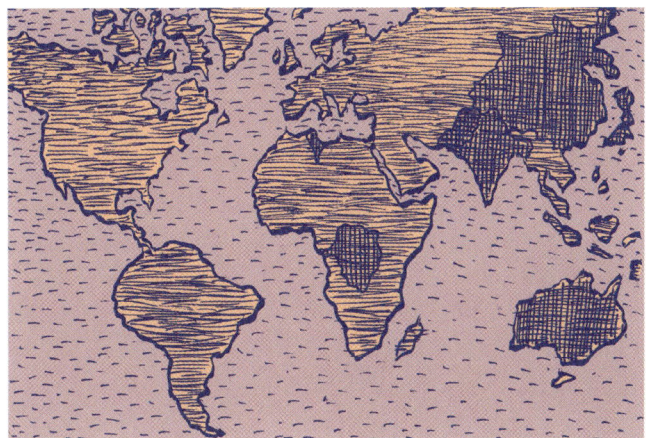

Und das ist noch ein einfacher Fall!

Bis nach China ist das ein geradliniger Prozess: die Verwandlung von Baumwolle in Jeansstoff.

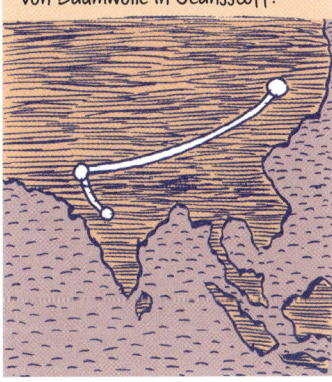

In diesem Fall spricht man von »schlangenförmiger Wertschöpfungskette«.

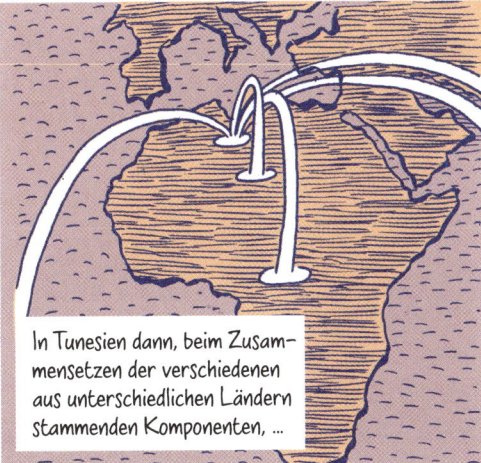

In Tunesien dann, beim Zusammensetzen der verschiedenen aus unterschiedlichen Ländern stammenden Komponenten, ...

... ähnelt die Wertschöpfungskette eher einer Spinne.

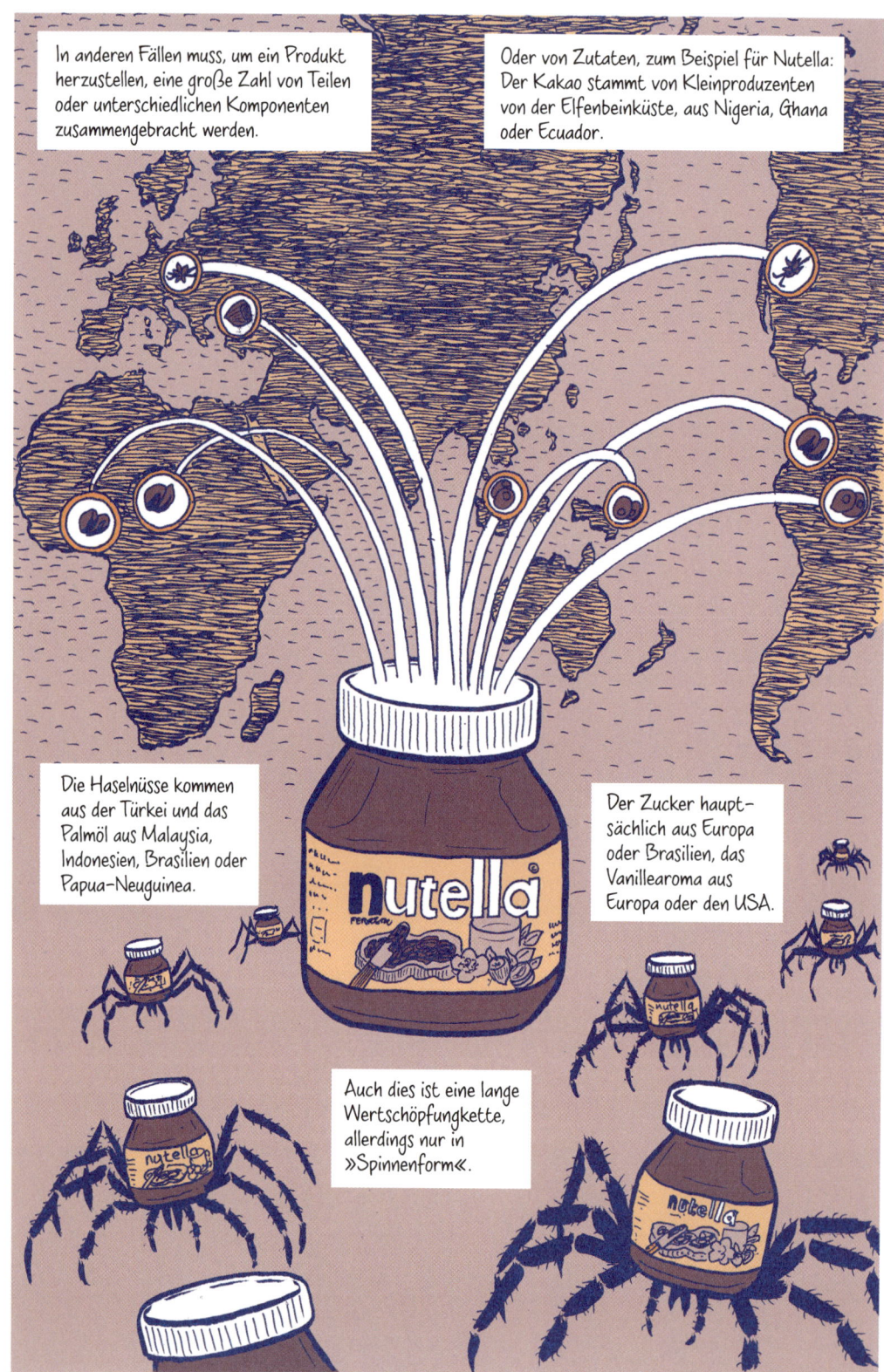

In anderen Fällen muss, um ein Produkt herzustellen, eine große Zahl von Teilen oder unterschiedlichen Komponenten zusammengebracht werden.

Oder von Zutaten, zum Beispiel für Nutella: Der Kakao stammt von Kleinproduzenten von der Elfenbeinküste, aus Nigeria, Ghana oder Ecuador.

Die Haselnüsse kommen aus der Türkei und das Palmöl aus Malaysia, Indonesien, Brasilien oder Papua-Neuguinea.

Der Zucker hauptsächlich aus Europa oder Brasilien, das Vanillearoma aus Europa oder den USA.

Auch dies ist eine lange Wertschöpfungkette, allerdings nur in »Spinnenform«.

42

Werden in Frankreich noch Autos gebaut?

Ein anderes für die Globalisierung bezeichnendes Produkt sind die Autos.

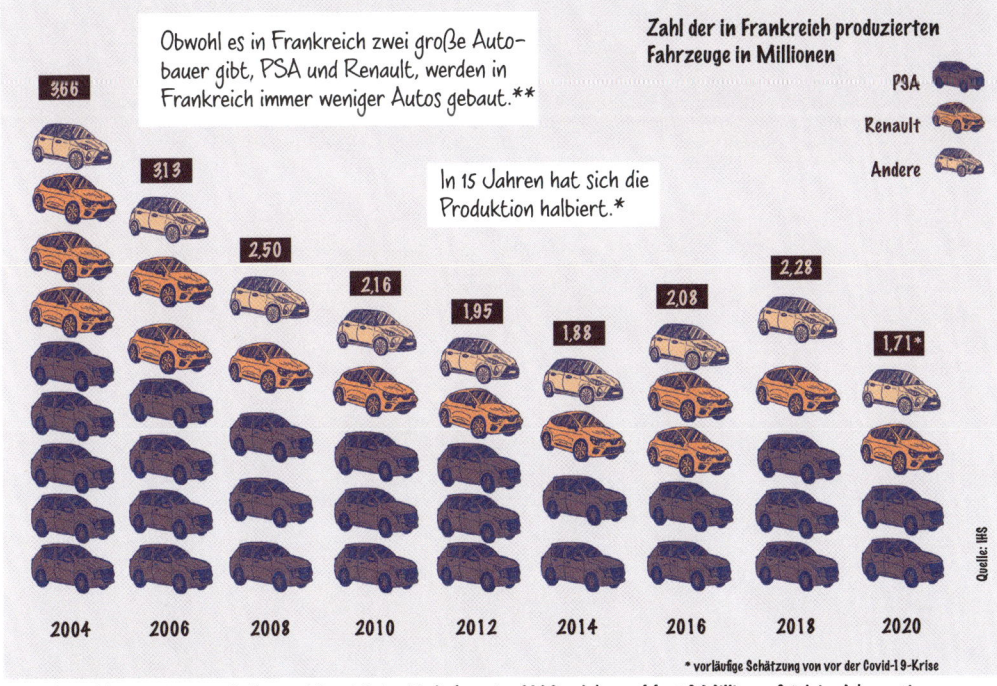

Obwohl es in Frankreich zwei große Autobauer gibt, PSA und Renault, werden in Frankreich immer weniger Autos gebaut.**

Zahl der in Frankreich produzierten Fahrzeuge in Millionen

PSA
Renault
Andere

In 15 Jahren hat sich die Produktion halbiert.*

| 366 | 3,13 | 2,50 | 2,16 | 1,95 | 1,88 | 2,08 | 2,28 | 1,71* |
| 2004 | 2006 | 2008 | 2010 | 2012 | 2014 | 2016 | 2018 | 2020 |

Quelle: IHS

* vorläufige Schätzung von vor der Covid-19-Krise

**In Deutschland ist dagegen die Automobilproduktion bis Anfang der 2010er Jahre auf fast 6 Millionen Stück im Jahr gestiegen; sie ist aber seit 2017 stark rückläufig. (Quelle: Statista)

Wirtschaftsminister Bruno Le Maire regte sich 2019 darüber auf und hat die Strategie von Renault und PSA in Frage gestellt, die manche ihrer wichtigsten Modelle, wie den Peugeot 208 oder den Renault Clio, in Marokko, Slowenien oder der Türkei herstellen.

Ich sage es noch einmal: Das Modell, das wir seit 20 Jahren verfolgt haben, ist das falsche. Auslagern, Arbeitsplätze abbauen, CO_2 reimportieren – damit ist es vorbei, und ich werde nicht länger diese Art der industriellen Produktion verteidigen, die schlecht ist für unsere Industrie und schlecht für die Franzosen.

Wir brauchen ein anderes Modell, eines der Wettbewerbsfähigkeit der französischen Automobilindustrie und des Heimholens unserer Industrie auf den Boden Frankreichs.

Was man tatsächlich nicht behaupten kann, ist, dass Arbeitsplätze geschaffen werden.

Denn auch bei den zwei Millionen Fahrzeugen, die immer noch in Frankreich gebaut werden, kann man nur schwerlich behaupten sie seien »französische« Autos.

Richtig ist, dass ihre Produktion weit davon entfernt ist, die eines einzigen Herstellers zu sein. Im Durchschnitt 85 % der Herstellkosten fallen für Zulieferer und Dienstleister an. Der Hersteller ist mindestens so sehr bloßer Monteur wie Fabrikant. So hat Renault mehr als 17 000 Zulieferer! Um die Namen der Zulieferer untereinander aufzulisten, bräuchte man ein Buch von fast 600 Seiten.

Man kann also sagen: Die Wertschöpfungskette hat hier weder die Form einer Schlange noch die einer Spinne, sondern ist wirklich global.

Im Übrigen können die Beziehungen zu den Zulieferern nicht einfach von Fall zu Fall geregelt werden; es braucht vielmehr Regeln und Bezugsrahmen, damit alles funktioniert.

Alle großen Konzerne definieren Prozeduren und Qualitätssiegel, sogar Belohnungen für diejenigen, die sich am besten daran gehalten haben.

Man muss dazusagen, dass nicht alle Zulieferer direkt mit Renault verhandeln: Manche sind nur Zulieferer von Zulieferern (also »zweitrangig«) und so weiter.

Zumeist achten die Hersteller darauf, dass ihre wichtigsten Zulieferer nicht weit von ihren Produktionsstätten entfernt sind, um Lieferverzögerungen zu vermeiden und die Transportkosten zu reduzieren.

Doch sind die besten Komponenten nicht immer in nächster Nähe zu finden, sodass viele davon importiert werden müssen.

So musste zum Beispiel das Renault-Werk in Douai im Januar 2017 seine Produktion für zwei Tage aussetzen, weil es bei einem Zulieferer von Türkomponenten in Tschechien gebrannt hatte.

Die genaue Verteilung der Zulieferungen an einen Hersteller zwischen französischen und ausländischen Firmen ist nicht bekannt.

Das genauer herauszufinden ist zu kompliziert, denn Informationen darüber werden kaum herausgegeben, weil die Konkurrenz sie nutzen könnte.

Doch es wird geschätzt, dass etwa ein Drittel des Werts von in Frankreich produzierten Fahrzeugen auf importierte Teile, Komponenten und Dienstleistungen entfällt.

Kurz, es ist alles andere als einfach festzustellen, welcher Anteil an einem Produkt einheimischer oder fremder Herkunft ist.

Und bei komplexen Produkten wäre es sehr schwierig, eine Produktion allein im Inland zu organisieren.

Und obendrein ist ein in Frankreich hergestelltes Fahrzeug nicht zwangsläufig das einer französischen Automarke. Zwischen 2012 und 2017 war das mit der größten Stückzahl in Frankreich produzierte Auto der Toyota Yaris.

Er wird im Werk Valenciennes-Onnaing in Nordfrankreich produziert.

Umgekehrt gilt dasselbe: Die französischen Hersteller, auf die mehr als 55 % der Verkäufe von Neuwagen in Frankreich entfallen, produzieren längst nicht nur im Lande.

Beliebte Modelle wie der Citroën C3 oder der Renault Twingo werden dort überhaupt nicht mehr produziert.

Von den 86 Produktions- und Montage-
werken, die die französischen Autokonzerne
weltweit besitzen, befinden sich lediglich
17 in Frankreich.

Weniger als ein Fünftel ihrer Fahrzeug-
produktion findet im Inland statt, und weniger
als ein Fünftel der Fahrzeuge werden auf dem
französischen Markt verkauft.

54

In anderen Branchen haben bestimmte Hersteller von Gütern kein einziges Werk. Sie sind »Fabrikanten« ohne Fabrik.

Im Juni 2001 verkündete Serge Tchuruk, der Vorstandsvorsitzende des Telekommunikationskonzerns Alcatel, am Rand einer vom »Wallstreet Journal« in London organisierten Tagung:

Alcatel muss ein Unternehmen ohne Fabriken werden.

Das ist bereits der Fall bei Nike und Apple oder in Frankreich beim Lebensmittelkonzern Michel et Augustin.

Sie entwickeln ihre Produkte in allen Einzelheiten – doch lassen sie sie ausschließlich von Subunternehmen herstellen.

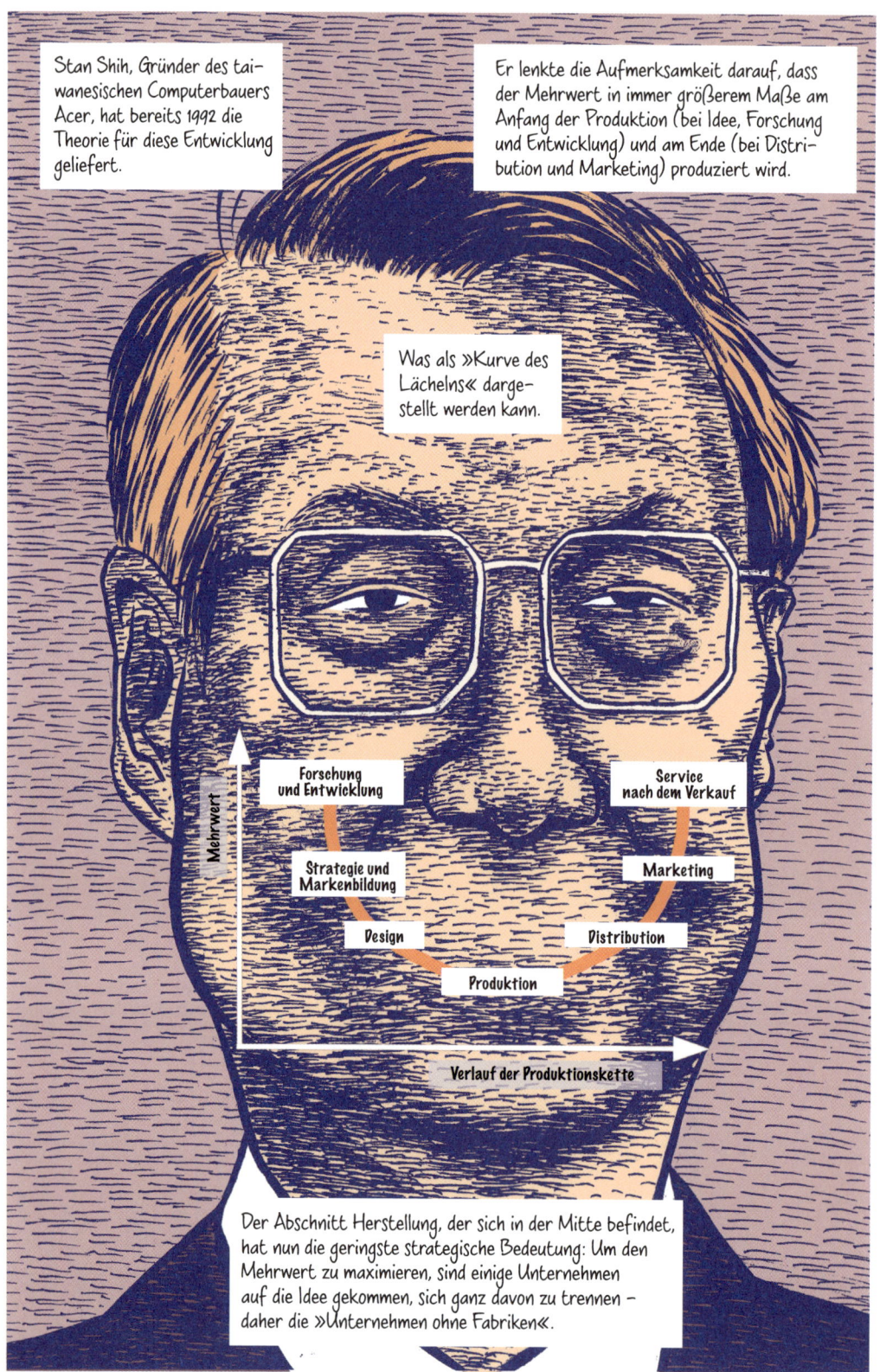

Stan Shih, Gründer des tai-
wanesischen Computerbauers
Acer, hat bereits 1992 die
Theorie für diese Entwicklung
geliefert.

Er lenkte die Aufmerksamkeit darauf, dass
der Mehrwert in immer größerem Maße am
Anfang der Produktion (bei Idee, Forschung
und Entwicklung) und am Ende (bei Distribution und Marketing) produziert wird.

Was als »Kurve des
Lächelns« darge-
stellt werden kann.

Mehrwert

Forschung
und Entwicklung

Strategie und
Markenbildung

Design

Produktion

Service
nach dem Verkauf

Marketing

Distribution

Verlauf der Produktionskette

Der Abschnitt Herstellung, der sich in der Mitte befindet,
hat nun die geringste strategische Bedeutung: Um den
Mehrwert zu maximieren, sind einige Unternehmen
auf die Idee gekommen, sich ganz davon zu trennen –
daher die »Unternehmen ohne Fabriken«.

Sind alle Unternehmen globalisiert?

Was bedeutet das schlussendlich für den produktiven Sektor insgesamt?
Zunächst gilt: Die meisten Unternehmen importieren – sei es direkt, indem sie Teile und Komponenten aus dem Ausland kaufen, sei es indirekt, weil einige ihrer Zulieferer importierte Güter und Dienstleistungen nutzen.

Doch viele von ihnen exportieren auch. In Frankreich waren das 2017 fast 200 000.

Das waren etwas weniger als 10 % der Wirtschaftsunternehmen ohne Landwirtschaft und Finanzdienstleistungen.

Doch in der Industrie sind es 17 % der Unternehmen, die exportieren.

Alle Sektoren zusammengenommen verkauften Waren und Dienstleistungen im Wert von fast 720 Milliarden Euros ins Ausland*, das sind 31 % des gesamten französischen Bruttoinlandsprodukts.

Diese Exportaktivitäten konzentrieren sich auf eine kleine Zahl von Unternehmen: Die 500 größten Exporteure realisieren 70 % der Exporte und die 50 ersten immer noch 43 %.

* zum Vergleich: Die Summe der deutschen Exporte betrug 2020 1.207 Milliarden Euro. (Quelle: Statista). Kleine und mittlere Unternehmen waren hieran mit etwa 27 % beteiligt. (Quelle: ifm)

Anders gesagt: Im Wesentlichen gehen die Exporte auf das Konto von nur wenigen Unternehmen, die deutlich größer und produktiver sind als der Durchschnitt.

Einige Unternehmen gehen einen Schritt weiter: Sie investieren im Ausland.

Sie sind also auch in einem oder mehreren Ländern außerhalb ihres Heimatlandes aktiv, wo sie ihre Filialen haben: Das sind die multinationalen Unternehmen.

Nur wenige Unternehmen gehen dieses Abenteuer ein, denn es ist ein beträchtlicher Aufwand erforderlich, um solche Investitionen zu finanzieren und zum Erfolg zu führen.

Die Multis stellen nur 1 % der französischen Handelsunternehmen ohne Finanzsektor und Landwirtschaft dar, doch sie sind weit größer als die anderen.

Das gilt für Giganten wie Total, LVMH (Moët Hennessy – Louis Vuitton SE), Sanofi oder L'Oréal.* Die Multis alleine beschäftigen 49 % der Arbeitnehmer in diesen Sektoren, erwirtschaften 57 % des Mehrwerts und realisieren 89 % der Exporte.

*Die größten Multis mit Sitz in Deutschland sind Volkswagen, Daimler, Allianz, BMW und Siemens.

Diese Multis sind allerdings nicht alle französisch. Im gewerblichen Sektor außer Landwirtschaft und Finanzwesen arbeitet fast jeder siebte Arbeitnehmer für die Filiale eines ausländischen Multis.

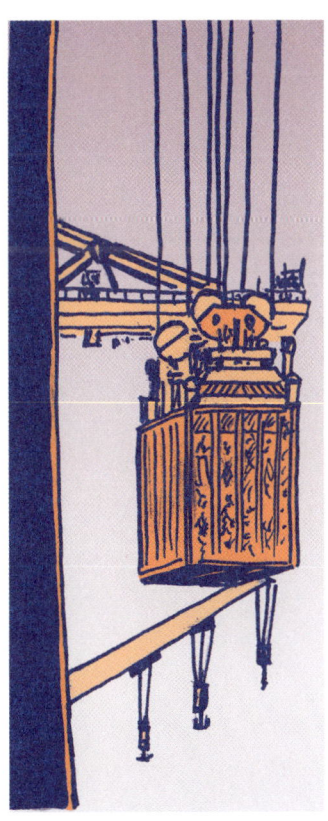
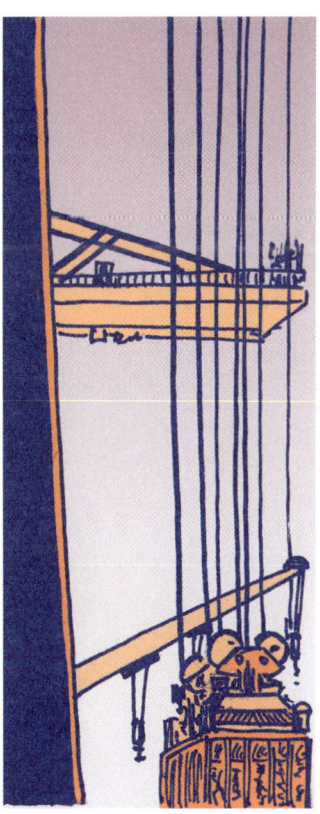

Der gesamte Wert der ausländischen Direktinvestitionen* in Frankreich betrug 2018 beinahe 700 Milliarden Euro, das waren 30 % des Bruttoinlandsprodukts.**

Und die vom Ausland kontrollierten Multis beschäftigten in Frankreich 1,6 Millionen Arbeitnehmer.

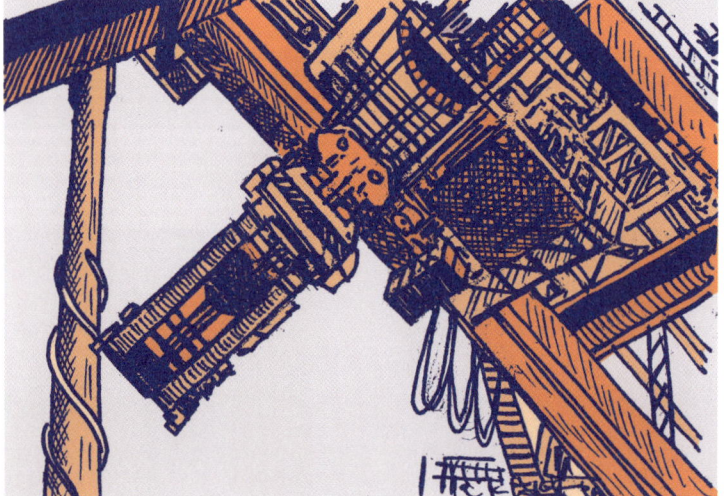

Umgekehrt machte der Wert der Investitionen französischer Multis 54 % des französischen BIP aus.

2016 machten sie mehr als die Hälfte ihres weltweiten Umsatzes in ihren ausländischen Tochtergesellschaften, wo sie 5,8 Millionen Arbeitnehmer beschäftigten, das heißt mehr als die Hälfte all ihrer Beschäftigten.

*Das sind Investitionen, durch die mindestens 10 % des Kapitals einer Firma kontrolliert werden.
**Zum Vergleich: In Deutschland waren 2018 58 % der Aktien der DAX-Konzerne im Besitz von Ausländern.
(Quelle: EY)

Alles in allem haben die multinationalen Unternehmen, auch wenn sie nur einen kleinen Teil der Gesamtzahl der Unternehmen ausmachen, große Bedeutung für die Beschäftigung und mehr noch für das Schaffen von Reichtum; außerdem sind sie für den Großteil der Exporte verantwortlich. Und auch wenn ausländische Unternehmen in Frankreich aktiv sind, wiegen die französischen Auslandsinvestitionen ungleich schwerer.

Wenn man investiert, so geschieht
dies natürlich in der Hoffnung auf
Dividenden und die Amortisierung der
Vermögenswerte in Form von ins Ursprungsland zurückgeführten Profiten.

Für Frankreich ist das der Fall: Die Einkünfte aus den
französischen Auslandsinvestitionen waren 2017 um 43
Milliarden Euro höher als die aus Frankreich gezahlten
Kapitaleinkommen auf ausländische Investitionen in
Frankreich.

Haben multinationale Unternehmen eine Nationalität?

Aber was genau ist eigentlich ein französisches – oder deutsches – Unternehmen.

Diese Multis, die mehr als die Hälfte ihrer Geschäfte im Ausland machen, gehören doch nicht nur Franzosen oder Deutschen. Also: Inwieweit sind sie französisch oder deutsch?

In der Tat wird die Definition dafür fließend, denn keines dieser großen Unternehmen ist in jeder Hinsicht hundertprozentig einer Nation zuzuordnen.

In den Statistiken gilt als Nationalität eines Unternehmens der Firmensitz, also der Ort, von wo aus das Unternehmen geführt wird.

Das entspricht im Allgemeinen auch der Nationalität der Unternehmensleitung.

Doch das heißt noch längst nicht, dass die Eigentümer des Kapitals alles Franzosen sind.

Bei den 85 größten Unternehmen mit Sitz in Frankreich sind 90 % der Vorstände und 92 % der Aufsichtsratsmitglieder Franzosen oder Französinnen.

Die Eigentümer des Kapitals eines börsennotierten Unternehmens sind seine Aktionäre. So wurden Ende 2018 mehr als 40 % des Börsenkapitals der 36 französischen Firmen unter den 40 Unternehmen auf dem Leitindex von Ausländern gehalten, die in 10 davon die Mehrheit hatten.

Nur 27 % des gesamten Aktienvermögens gehörte französischen Staatsbürgern.*

Woher kamen 2019 die Aktionäre von Total?

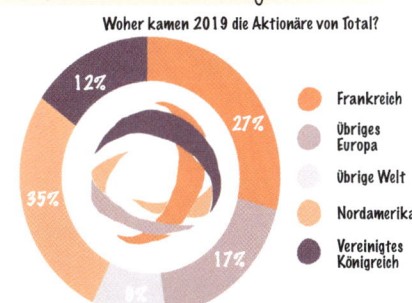

- Frankreich
- Übriges Europa
- Übrige Welt
- Nordamerika
- Vereinigtes Königreich

27%
12%
35%
17%

*Zum Vergleich: Die Aktien von Daimler gehörten 2021 zu 32,2 % deutschen Anlegern, zu 21,3 % anderen europäischen, zu 15 % asiatischen, zu 14,3 % US-amerikanischen und zu 6,3 % kuwaitischen. Die Besitzer der übrigen 10,4 % kamen aus anderen Ländern. (Quelle: Daimler)

Diese ausländischen Beteiligungen werden oft von institutionellen Anlegern gehalten.

Ja, so werden sie genannt. Es handelt sich um Versicherungsgesellschaften, Investitionsfonds, Rentenkassen oder Pensionsfonds, die die Ersparnisse von Privatleuten sammeln und auf den Finanzmärkten platzieren.

So wird z.B. 58 % des Kapitals von Danone von ausländischen »Heuschrecken« gehalten.

20%

22% 58%

ausländische Heuschrecken

französische Heuschrecken

andere

Quelle: Danone

Sind das die berühmten »Heu-schrecken?«

Ausländische »Heuschrecken« halten auch fast 62 % des Kapitals von Pernod Ricard.

französische Heuschrecken (9 %)

ausländische Heuschrecken (62 %)

andere (29 %)

Quelle: Pernod Ricard

Allein die wichtigste der »Heuschrecken«, die amerikanische Vermögensverwaltung Blackrock, hält folgende Anteile:

6 % des Tech-nologiekon-zerns Safran

5,8 % von Schneider Electric

6,1% des Kapitals von Total

5,5 % von Danone

5,7 % von Sanofi

5 % von BNP Paribas, Axa und Air Liquide

Quelle: Bloomberg

Und die Finanzierung des Staats selbst wird großenteils von im Ausland lebenden Investoren gesichert.

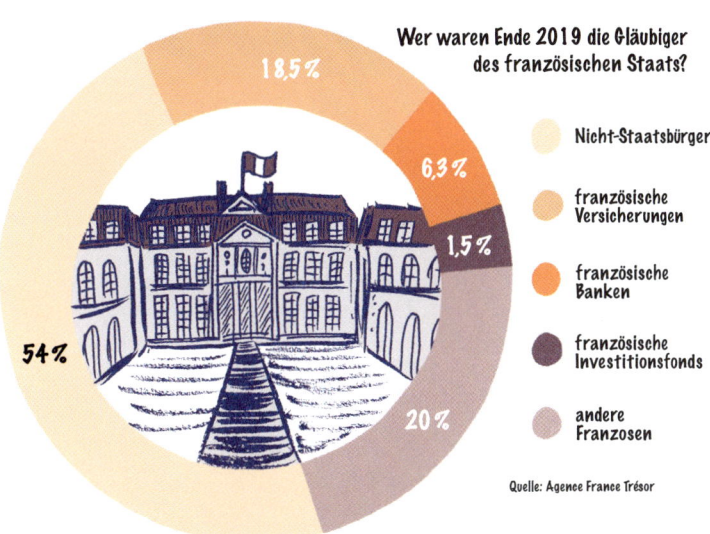

Wer waren Ende 2019 die Gläubiger des französischen Staats?

- 18,5 %
- 6,3 %
- 1,5 %
- 54 %
- 20 %

- Nicht-Staatsbürger
- französische Versicherungen
- französische Banken
- französische Investitionsfonds
- andere Franzosen

Quelle: Agence France Trésor

Sie besitzen fast 55 % der öffentlichen Schuldtitel in Frankreich.* Zum Beispiel, weil ein kalifornischer Pensionsfonds, der das Geld verwaltet, das für die Rente von Feuerwehrleuten zurückgelegt worden ist, französische Staatsobligationen gekauft hat.

Das ist ein gewaltiger Anteil. Aber umgekehrt investieren die Franzosen selbst in großem Stil im Ausland: Ende 2017 waren 43 % ihrer Ersparnisse dort angelegt, also beinahe die Hälfte.

Aber wozu diese Über-Kreuz-Finanzierungen? Wäre es nicht einfacher, wenn die Franzosen die französischen Unternehmen und den französischen Staat finanzierten und die Ausländer in ihrem jeweiligen Land investierten?

MONDOPOLY

Zunächst einmal sehen viele Investoren interessantere Anlagemöglichkeiten im Ausland als zuhause und möchten sie nutzen. Sei es aufgrund einer industriellen Logik (hier spricht man von Direktinvestitionen, zum Beispiel, wenn ein Unternehmen ein anderes aufkauft), sei es aufgrund einer bloß finanziellen Logik (beim Kauf von Aktien oder Obligationen).

Außerdem erlauben Auslandsinvestitionen, die eigenen Anlagen zu diversifizieren: Wenn es in Frankreich einmal nicht gut läuft, kann sich der Investor an seinen Auslandsanlagen schadlos halten. So setzt man nicht alles auf eine Karte.

* In Deutschland waren das 2020 46 %
eigene Berechnung nach den Daten der Deutschen Bundesbank

Diese Gründe sind heute völlig hinreichend, denn es ist sehr einfach, im Ausland zu investieren.

Eventuell ist eine Gebühr für den Wechsel in eine andere Währung zu zahlen oder je nachdem für den Transfer der Gelder oder, wenn es sich um Aktien handelt, eine Courtage. Aber grenzüberschreitende Kapitalbewegungen sind seit 1990 in Frankreich nicht mehr gesetzlich begrenzt, und alles in allem sind sie auch nicht sehr teuer.

Sie sind umso einfacher, als die Banken selbst sehr international geworden sind. Sie haben ihre Niederlassungen im Ausland, begleiten dort die multinationalen Unternehmen und engagieren sich auf den internationalen Finanzmärkten, wenn es profitabel erscheint.

2018 gingen mehr als ein Drittel der Darlehen französischer Banken an Haushalte oder Unternehmen* ins Ausland, teilweise über ihre Filialen.

Wem leihen französische Banken Geld?

● Französischen Kunden: 2 100 Milliarden Euro

● Ausländischen Kunden: 1 100 Milliarden Euro

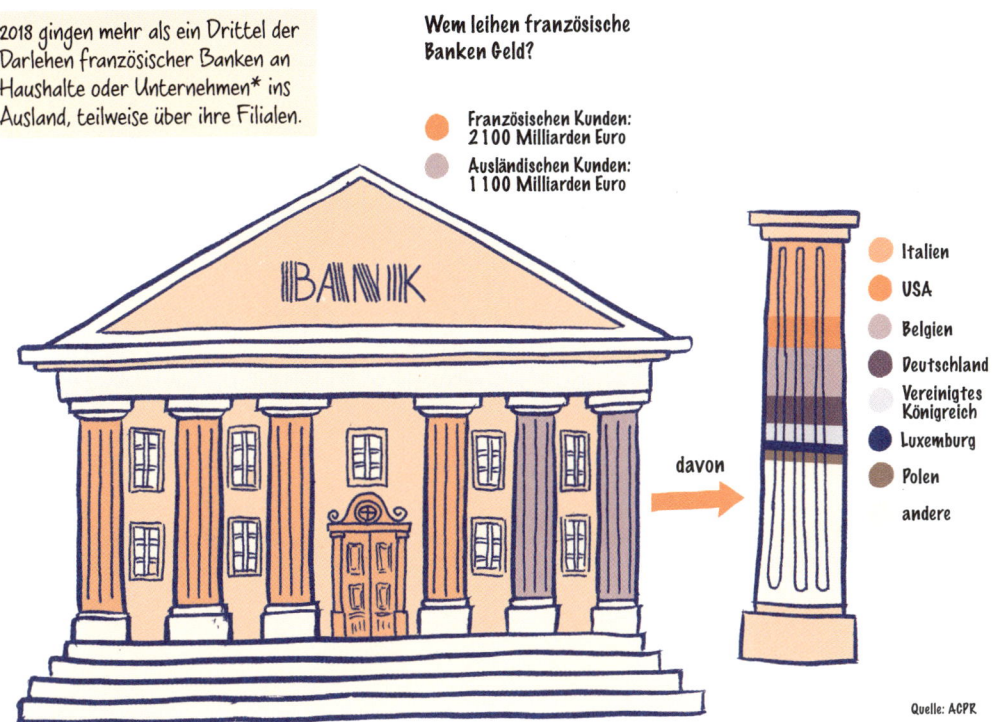

● Italien
● USA
● Belgien
● Deutschland
● Vereinigtes Königreich
● Luxemburg
● Polen
andere

davon

Quelle: ACPR

*außer Finanzsektor

Tatsächlich sind die Finanzmärkte heute der globalisierteste Teil der Weltwirtschaft. Dies erklärt, wieso eine Krise der Immobilienkredite in den USA zu Bankpleiten in Europa führen kann, wie sich 2008–2009 gezeigt hat.

Und eine überraschende Abwertung der chinesischen Währung um 3,5 % in zwei Tagen im August 2015 führte zu einem Absturz der europäischen Börsen um beinahe 3 %.

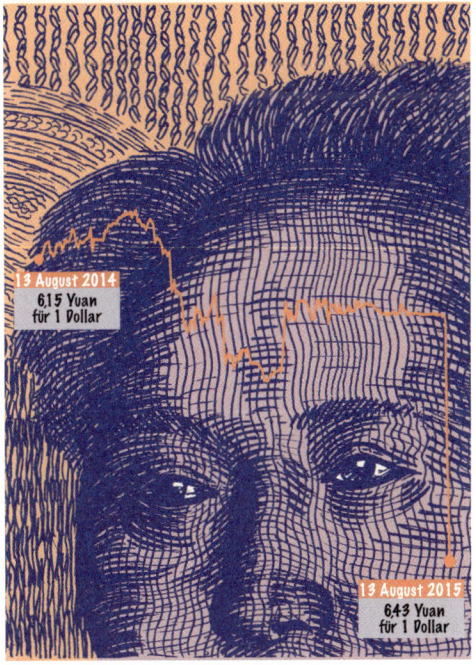

13 August 2014
6,15 Yuan für 1 Dollar

13 August 2015
6,43 Yuan für 1 Dollar

73

Also ist Globalisierung überall und hält unser ganzes Wirtschaftssystem am Laufen, wenn ich das recht verstehe.

Unsere Wirtschaft ist in der Tat eng verwoben mit der unserer Partner. Das ist einem vielleicht nicht tagtäglich bewusst, aber die Coronakrise hat uns gerade einmal wieder vor Augen geführt, wie sehr wir von anderen abhängig sind.

Ja, Covid 19 war da sehr erhellend.

Als die Produktion in China zum Stillstand kam, zeigte sich auf beunruhigende Weise, wie folgenreich die Unterbrechungen der Lieferketten für die dort gefertigten Komponenten etwa von Elektronik oder von Automobilen ist.

Vor allem aber wurden plötzlich große Mengen von Masken benötigt, und da wurde unsere Abhängigkeit von China deutlich, denn die werden vor allem von dort bezogen.

Und als die Europäer die Zahl der Tests vervielfachen wollten, stellten sie fest, dass die dafür benötigten Chemikalien aus China und den USA kamen.

Zirkulieren die Menschen genauso wie die Waren?

Was die Pandemie uns also gezeigt hat, ist, dass die Globalisierung nicht bloß eine wirtschaftliche Angelegenheit ist, sondern auch die Menschen direkt betrifft.

Und wenn die Reisefreiheit der Menschen eingeschränkt wird, um die Ausbreitung des Virus einzudämmen, heißt das, dass nicht nur der Handel ausgebremst wird, sondern auch die Mobilität der Menschen.

Diese Mobilität hat vor allem zwei Seiten: Tourismus und Migration.

Sie machen Urlaub, besuchen Familienangehörige oder sind auf Geschäftsreisen: 2018 sind weltweit 1,4 Milliarden internationale Reisende gezählt worden.

Kikeriki! Das beliebteste Reiseziel war Frankreich mit über 89 Millionen ausländischen Touristen.

Zahl der Einreisen internationaler Touristen 2018 in Millionen*

89

83

80

63

Frankreich

Spanien

USA

China

*nach Deutschland kamen in dieser Zeit rund 28 Millionen Touristen (Quelle: Statista)

Sein kulturelles Erbe und seine Gastronomie sind dabei sehr nützlich.

2017 waren übrigens die meisten Besucher der wichtigsten touristischen Stätten in Frankreich Ausländer.

Unter den Besuchern des Schlosses von Versailles waren das 80 %

Beim Eiffelturm waren es 75 %

Im Louvre 71 % und im Musée d'Orsay 68 %

Nur wenige internationale Touristen entfernen sich sehr weit von der Heimat: Der internationale Tourismus ist in erster Linie regional. Und das gilt auch für Frankreich. Fast 80 % der Besucher kommen hier aus Europa.

Der internationale Verkehr hat sich enorm entwickelt und demokratisiert. Wir können mit einem Klick eine Unterkunft an einem Tausende Kilometer entfernten Ort reservieren. So kommt es, dass der Tourismus dabei ist, eine beachtliche Industrie zu werden und damit auch eine wichtige Angelegenheit für die Regierungen der Länder, in denen er eine Rolle spielt. Dies rief anlässlich einer Ministerratssitzung zum Thema Tourismus am 26. Juli 2017 der französische Premierminister Édouard Philippe ins Gedächtnis.

Die Entwicklung des Tourismus geht die gesamte Regierung an.

Und darüber hinaus die gesamte Öffentlichkeit und die wirtschaftlichen Akteure, die alle gemeinsam daran interessiert sein müssen, tätig zu werden, und zwar konzertiert.

Denn der Tourismus bringt was!

Was das betrifft, so gebührt die Siegespalme den USA mit 214 Milliarden Dollar, weit vor Spanien (81 Milliarden Dollar) und Frankreich (65 Milliarden Dollar),

Allein aus China sind 2018 fast 150 Millionen Menschen ins Ausland gereist, wo sie etwa 280 Milliarden Dollar ausgegeben haben, davon 4 Milliarden in Frankreich.

Was die Migration betrifft, die doch immer wieder die Schlagzeilen der Zeitungen beherrscht, ist das Ausmaß der Globalisierung weit weniger beeindruckend.

2015 lebten weniger als 250 Millionen Menschen, das heißt nicht mehr als 3,3 % der Weltbevölkerung, außerhalb ihres Geburtslandes.

Im Rahmen der heutigen Globalisierung »exportieren sich« Frauen und Männer in weit geringerem Maße, als Produkte und Kapital ausgetauscht werden.

Man muss sagen, dass im Unterschied zur Mobilität von Kapital und Produktion, die von Personen nicht ermutigt wird, sofern es sich um Immigration handelt.

So sagte Präsident Emmanuel Macron am 25. September 2019 beim Sender Europe 1:

Um jedermann würdig begrüßen zu können, darf man kein allzu attraktives Land sein.

Das sage ich Ihnen ganz offen.

Weniger als 10 % der französischen Bevölkerung haben einen Migrationshintergrund; von diesen Migranten haben 40 % die französische Staatsbürgerschaft erworben.

Wer sind nun diejenigen, die Frankreich hereinlässt? In etwas mehr als einem Drittel der 2018 vergebenen ersten Aufenthaltserlaubnisse ging es um Fälle wie den von Kevin, dem amerikanischen Ehemann eurer Cousine Adèle, damit er sich mit ihr in Besançon niederlassen kann.

Oder von Mirna, der chilenischen Frau von Camilo, dem Einwanderer aus Kolumbien, der französischer Staatsbürger geworden ist. Oder um den Fall von Leila, der Frau des aus Marokko eingewanderten Aziz, der jetzt mit ihr und ihrer Tochter Aïcha in Frankreich zusammenleben kann. Auch ein wirtschaftlicher oder ein humanitärer Grund kann ausschlaggebend sein, doch ist dies in weit geringerem Maße (jeweils 13 %) der Fall.

Fast ebenso viele (ein Drittel) sind ausländische Studierende, die ihre Hochschulausbildung in Frankreich absolvieren.

Verteilung der 258 929 erteilten ersten Aufenthaltsgenehmigungen in Frankreich (und Deutschland) nach Motivgruppen, 2018

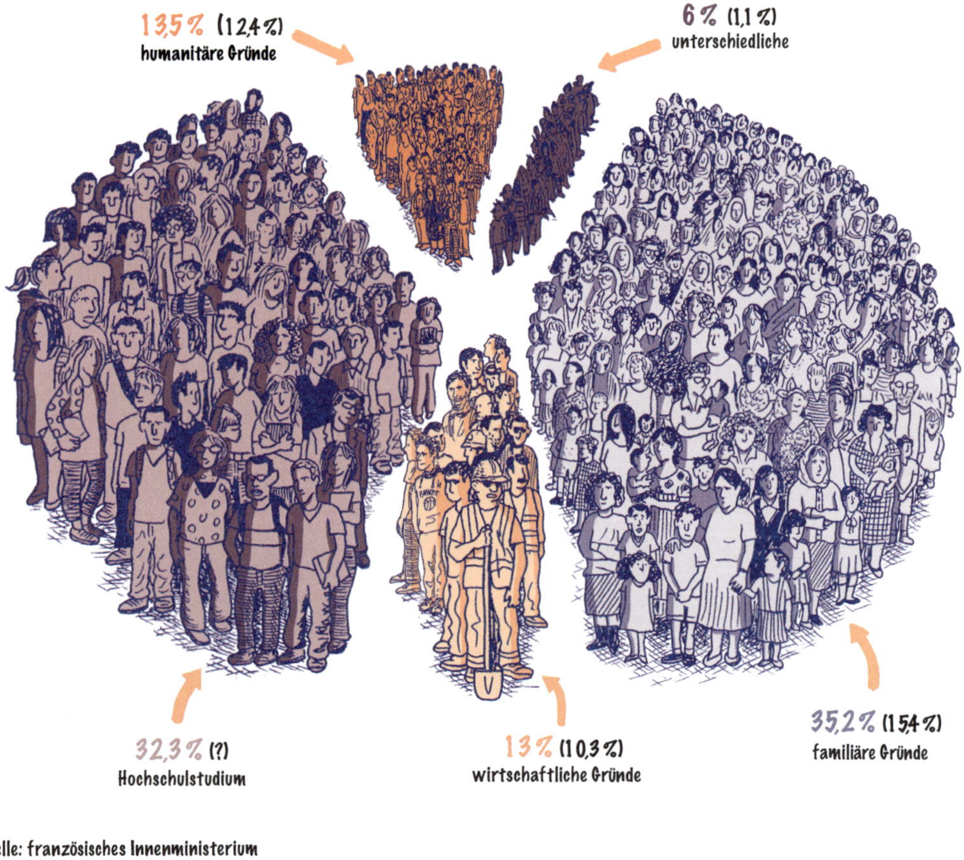

13,5 % (12,4 %) humanitäre Gründe

6 % (1,1 %) unterschiedliche

32,3 % (?) Hochschulstudium

13 % (10,3 %) wirtschaftliche Gründe

35,2 % (15,4 %) familiäre Gründe

Quelle: französisches Innenministerium
Die schwarzen Zahlen in Klammern für Deutschland stammen von der OECD und sind nicht gut mit den französischen vergleichbar, da bei ihnen 60,7 % auf einen nicht dauerhaften Aufenthalt (etwa von Studierenden) entfallen.

Die Hochschulausbildung ist inzwischen ein Gebiet, auf dem es eine intensive Konkurrenz unter einigen Ländern beim Anlocken von Studierenden gibt.

Eine Strategie, die Édouard Philippe am 19. November 2018 offen verteidigt hat.

Angesichts einer immer lebhafteren internationalen Konkurrenz muss Frankreich einer der wichtigeren Akteure bei dieser Globalisierung der Hochschulausbildung sein.

Frankreich hat sich bisher recht gut geschlagen, es nahm 2017 den fünften Platz bei der Aufnahme ausländischer Studierender ein und (nach Deutschland) den zweiten Platz unter den nicht englischsprachigen Ländern.

Man muss sagen, dass die ausländischen Studierenden auch ökonomisch eine Quelle des Reichtums sind.

Für Frankreich wird geschätzt, dass im akademischen Jahr 2013–2014 ihre Ausbildung etwa 3 Milliarden Euro gekostet hat, während sich ihre Ausgaben auf über 4,5 Milliarden Euro beliefen. Das macht einen Beitrag zum BIP von 1,7 Milliarden.

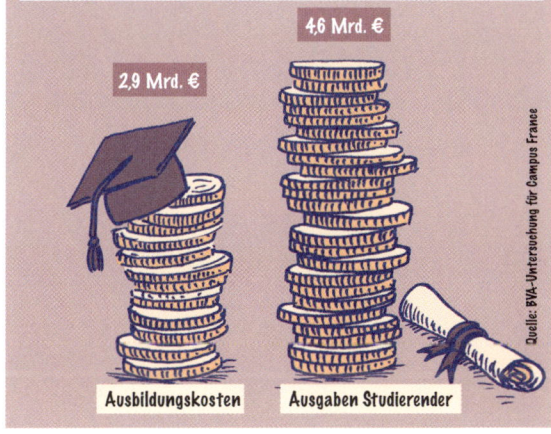

2,9 Mrd. €

4,6 Mrd. €

Ausbildungskosten

Ausgaben Studierender

Quelle: BVA-Untersuchung für Campus France

Also gut, der Konsum, die Produktion, die Menschen … das war doch jetzt die gesamte Globalisierung, oder?

Nein, noch nicht ganz. Auch die Kultur und die Informationen überschreiten die Grenzen. Das ist die immaterielle Seite der Globalisierung.

Doch bevor wir zu dem kommen, was die Globalisierung von morgen bestimmen könnte, müssen wir verstehen, wie wir dahin gekommen sind, wo wir jetzt sind.

2. Teil

Es war einmal die Globalisierung

Die Globalisierung ist kein neues Phänomen. Sie hat eine lange Geschichte, die in der Mitte des 19. Jahrhunderts beginnt und deren zweite Etappe, die wir heute erleben, noch keineswegs abgeschlossen ist. Doch zurück zu den vorigen Episoden.

Eins ist sicher: Die Globalisierung ist kein langer ruhiger Fluss.

Sie ist geprägt von Fortschritten, Krisen und Rückschritten.

Während langer Jahre ist sie sogar völlig aus dem Blick geraten.

Wenn sie eine Serie wäre, befänden wir uns jetzt in der zweiten Episode der zweiten Staffel.

Aber was ist »vorher geschehen«?

Die erste Staffel hat uns zwei Dinge gelehrt.

Zunächst einmal, dass die Globalisierung nicht unumkehrbar ist. Es ist nicht falsch, sich im gegenwärtigen Kontext daran zu erinnern.

Zweiter Punkt: Die Globalisierung schreitet nicht von allein voran, sondern steht im Kontext mit technischen Fortschritten und vor allem politischen Entscheidungen, die sie vorantreiben oder im Gegenteil begrenzen.

Auch hierfür ist es interessant zu wissen, wie es früher war, um zu verstehen, was sich heute abspielt.

Spulen wir den Film zurück ...

Wie sah die erste Globalisierung aus?

In der Mitte des 19. Jahrhunderts beginnt die erste Staffel der Globalisierung
im Sinne einer engen wechselseitigen
Abhängigkeit der Volkswirtschaften.

Wie in jeder guten Serie müssen
ein paar Dinge zusammenkommen,
damit die Story hinhaut.

Zunächst muss der Frieden einiger-maßen gesichert sein wie nach dem Wiener Kongress (1814–1815), auf dem die Friedensordnung nach der Nieder-lage Napoleons verhandelt wurde.

Ohne Frieden keine Globalisierung!

Und was den Frieden betrifft, setzt sich das 19. deutlich von den früheren Jahr-hunderten ab.

Dies hat der österreichisch-ungarische Ökonom Karl Polanyi (1886–1964) in sei-nem 1944 erschienenen Hauptwerk, »The Great Transformation«, gezeigt:

Im 19. Jahrhundert trat etwas ein, das es in der Geschichte der westlichen Zivilisation noch nicht ge-geben hatte: Die hundert Jahre Frieden von 1815 bis 1914.

Abgesehen vom Krimkrieg – einem mehr oder minder kolonialistischen Ereignis – haben England, Frank-reich, Preußen, Österreich, Italien und Russland nicht mehr als insgesamt achtzehn Monate gegeneinander Krieg geführt.

Wenn man die vergleichbaren Zahlen für die beiden vorausgegangenen Jahr-hunderte betrachtet, erhält man für jedes Land sechzig bis siebzig Jahre größerer Kriege.

Verstehen wir uns recht: Im Laufe des 19. Jahr-hunderts verschwanden Konflikte, Bürgerkriege und militärische Eroberungen keineswegs vollständig, doch »jeder dieser Konflikte blieb regional begrenzt«.

Das zweite Element, das die erste Globalisierung ermöglicht hat: der technische Fortschritt.

Die Entwicklung der Eisenbahn und des Dampfschiffs sowie die Erfindung des Telegrafen lassen die Entfernungen schrumpfen und senken drastisch die Kosten für Transport und Kommunikation.

Das heißt, Waren, Kapital und Menschen konnten schneller und zu geringeren Kosten zirkulieren.

So schrumpft die Dauer einer Atlantiküberquerung, die mit dem Segelschiff 40 Tage von Europa nach Amerika und 23 Tage in umgekehrter Richtung dauerte, mit dem ersten Dampfschiff (der »Great Western«) auf 15,5 Tage in Richtung Amerika und 13 Tage in Richtung Europa.

1838 gelingt diesem Dampfschiff die kühne Atlantiküberquerung in 15 Tagen mit einigem Vorsprung vor seiner Rivalin, der »Sirius«, die dafür 19 Tage benötigte.

Mit der Verlegung des ersten Transatlantikkabels, von dessen abenteuerlichen Umständen Stefan Zweig in »Das erste Wort über den Ozean« berichtet, brauchten die Informationen, die zuvor mehrere Tage benötigten, um von Europa nach Amerika gebracht zu werden, nur noch wenige Minuten, um übermittelt zu werden.

Dem Pastorensohn Cyrus W. Field ist die Verbindung der Alten mit der Neuen Welt durch mehr als 3000 km Kabel zu verdanken.

Schließlich tragen auch institutionelle und politische Neuerungen zur ersten Globalisierung bei.

Handelshemmnisse und Importmonopole werden nach und nach größenteils abgeschafft. Von besonderer Symbolkraft ist dabei die Aufhebung der »Corn Laws« in Großbritannien, die hohe Zölle auf Getreideimporte vorgesehen hatten.

Die Schutzzölle werden in Europa zunehmend niedriger.

Es gibt auf dieser Welt keine menschliche Entscheidung, die besser geeignet wäre, den langfristigen Interessen der Menschheit zu dienen als die Durchsetzung des Prinzips des Freihandels. (...) Dies ist nichts weniger als eine weltweite Revolution.

So Richard Cobden, der Wortführer der Anti-Corn Law League, im Jahr 1846.

Der Cobden-Chevalier-Vertrag zwischen Frankreich und dem Vereinigten Königreich (1860) vollendet diese Liberalisierung und ebnet den Weg für eine ganze Welle von Handelsverträgen in Europa.

Doch die reale Bedeutung dieser Verträge bleibt begrenzt: Der Handel hatte bereits zuvor schnell zugenommen und seinen Höhenflug fortgesetzt – trotz der Wiedereinführung von Schutzzöllen am Ende des Jahrhunderts, unter Bismarck in Deutschland (1879), Méline in Frankreich (1892) oder McKinley in den USA (1890).

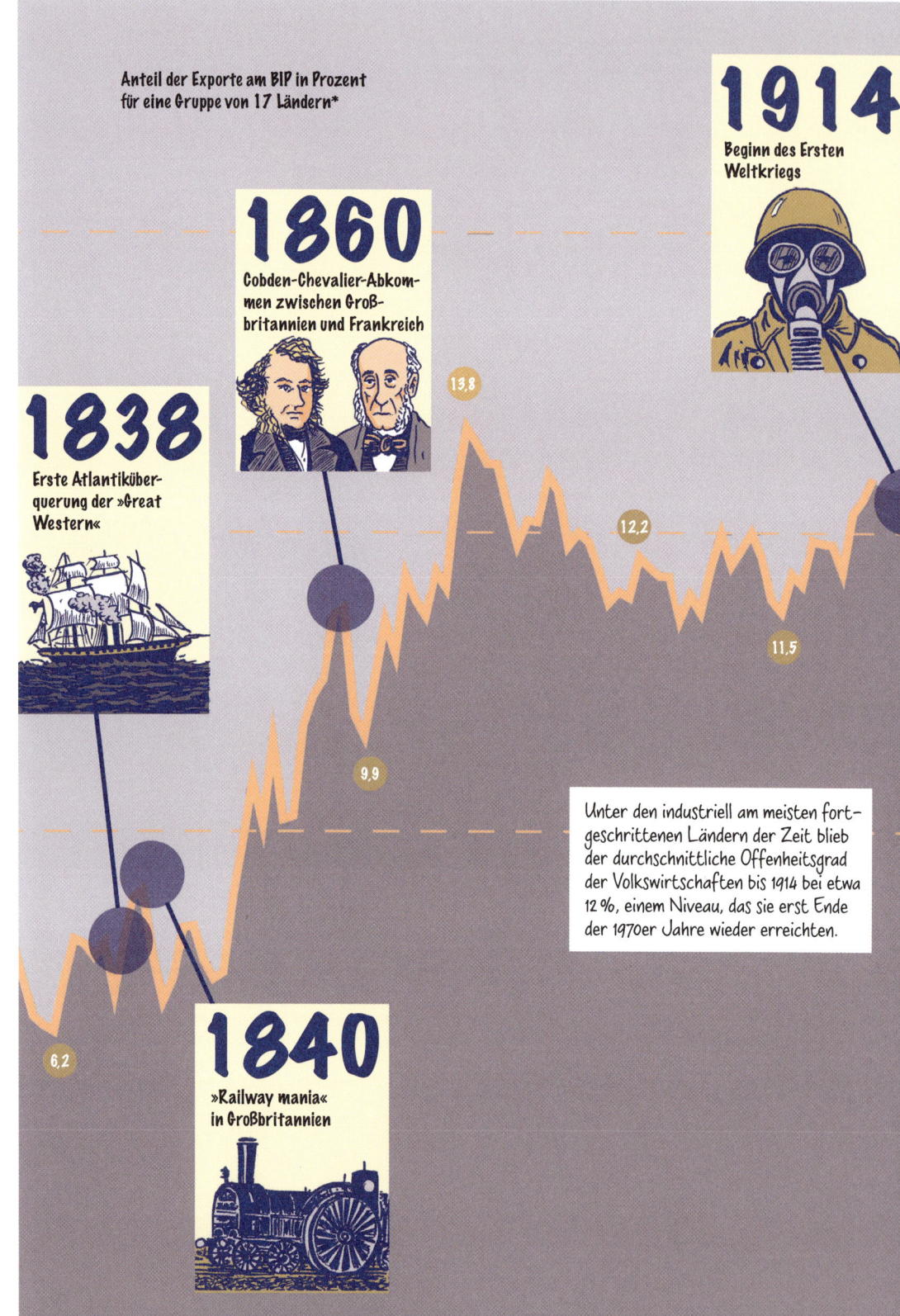

Anteil der Exporte am BIP in Prozent
für eine Gruppe von 17 Ländern*

1838
Erste Atlantiküber-
querung der »Great
Western«

1860
Cobden-Chevalier-Abkom-
men zwischen Groß-
britannien und Frankreich

1914
Beginn des Ersten
Weltkriegs

1840
»Railway mania«
in Großbritannien

13,8

12,2

11,5

9,9

6,2

Unter den industriell am meisten fort-
geschrittenen Ländern der Zeit blieb
der durchschnittliche Offenheitsgrad
der Volkswirtschaften bis 1914 bei etwa
12 %, einem Niveau, das sie erst Ende
der 1970er Jahre wieder erreichten.

*Vor 1861 sind nur 7 Länder berücksichtigt (Australien, Chile, Spanien, Frankreich, Vereinigtes Königreich, Schweden, USA).
Nach 1861 kommen 10 weitere Länder hinzu (Belgien, Brasilien, Kolumbien, Dänemark, Finnland, Griechenland, Italien, Norwegen, Niederlande, Schw

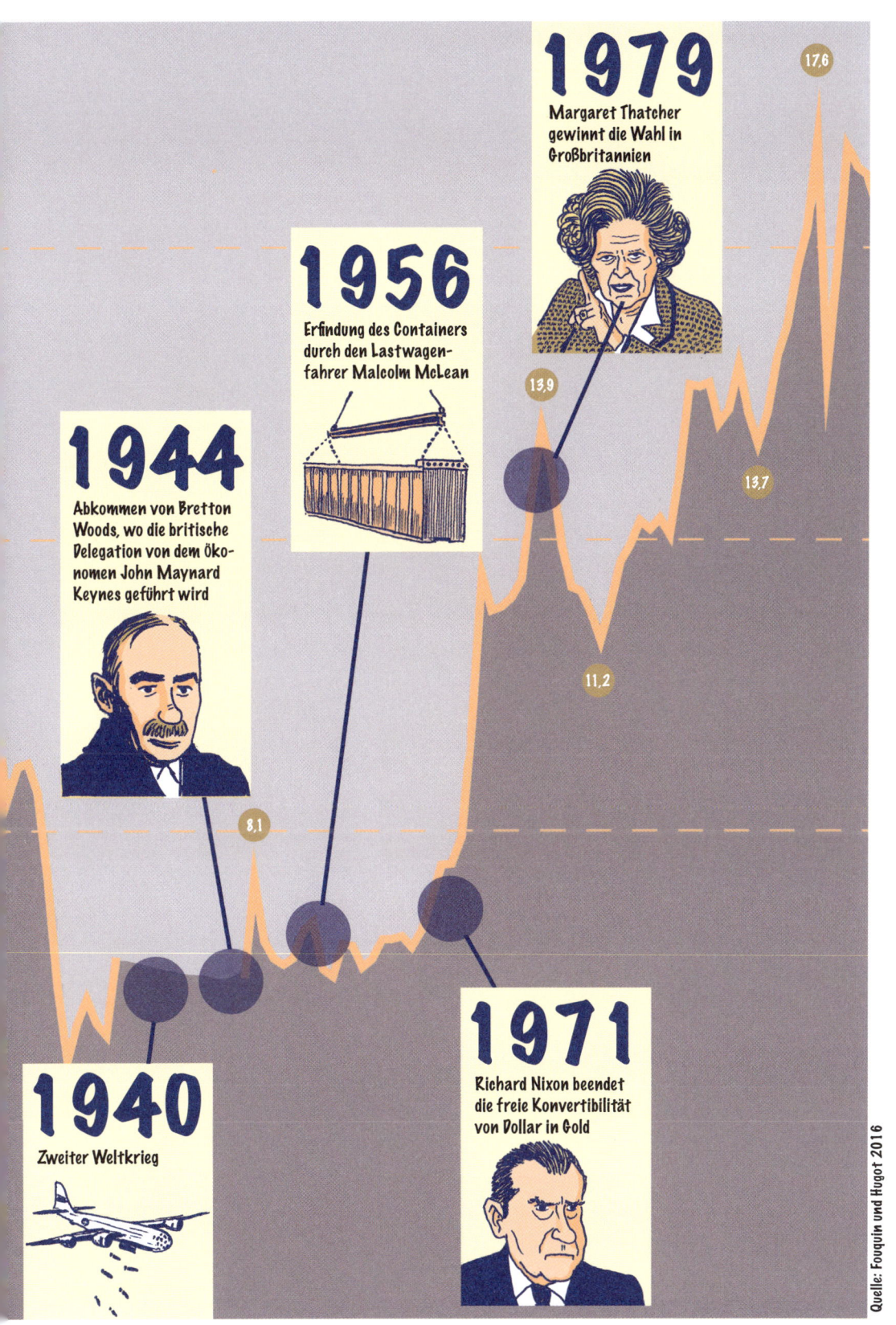

1979
Margaret Thatcher gewinnt die Wahl in Großbritannien

17,6

1956
Erfindung des Containers durch den Lastwagenfahrer Malcolm McLean

13,9

1944
Abkommen von Bretton Woods, wo die britische Delegation von dem Ökonomen John Maynard Keynes geführt wird

13,7

11,2

8,1

1971
Richard Nixon beendet die freie Konvertibilität von Dollar in Gold

1940
Zweiter Weltkrieg

Quelle: Fouquin und Hugot 2016

Es folgt zwischen 1870 und dem Ende des Jahrhunderts die Übernahme des Goldstandards durch zahlreiche Länder, nachdem Großbritannien 1819 vorangegangen war.

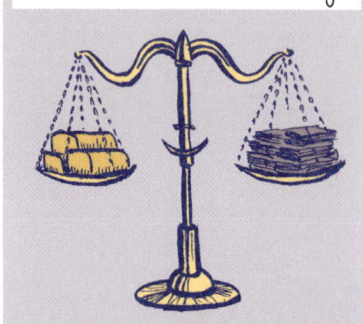

In diesem System wird der Geldwert in Bezug auf ein bestimmtes Goldgewicht festgelegt, wodurch die Wechselkurse stabil bleiben. Das Geld spielt so die Rolle einer internationalen Währung.

Das heißt, dass ein Franc immer dieselbe Menge Gold wert war?

Ja, der Franc Germinal (so hieß das damals) war immer 0,29 g Feingold wert, die (Goldmark immer 0,36 g.)

Und was war mit dem britischen Pfund? Dasselbe?

Das Pfund entsprach 7,32 g Feingold; mit einem Pfund konnte man also 25,20 Francs oder 20,30 Mark kaufen.

Und wozu war das gut, den Geldwert so starr zu halten?

Das erlaubte, internationale Handels- oder Finanztransaktionen abzusichern.

Eben weil es damit keine (oder fast keine) Veränderungen der Wechselkurse mehr gab.

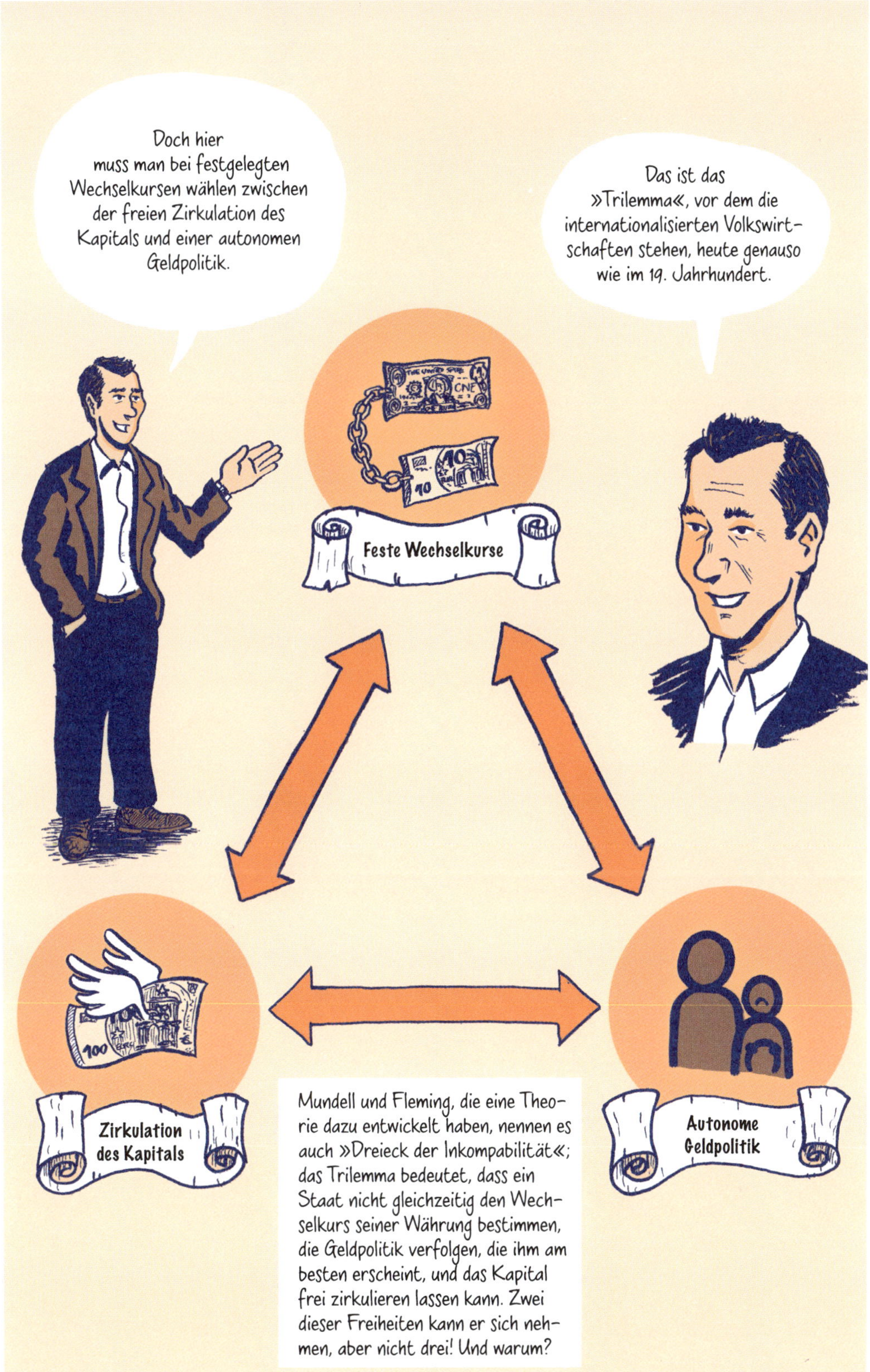

Doch hier muss man bei festgelegten Wechselkursen wählen zwischen der freien Zirkulation des Kapitals und einer autonomen Geldpolitik.

Das ist das »Trilemma«, vor dem die internationalisierten Volkswirtschaften stehen, heute genauso wie im 19. Jahrhundert.

Feste Wechselkurse

Zirkulation des Kapitals

Autonome Geldpolitik

Mundell und Fleming, die eine Theorie dazu entwickelt haben, nennen es auch »Dreieck der Inkompabilität«; das Trilemma bedeutet, dass ein Staat nicht gleichzeitig den Wechselkurs seiner Währung bestimmen, die Geldpolitik verfolgen, die ihm am besten erscheint, und das Kapital frei zirkulieren lassen kann. Zwei dieser Freiheiten kann er sich nehmen, aber nicht drei! Und warum?

Robert Mundell, kanadischer Ökonom, Jahrgang 1932:
Nehmen wir an, ein Land hat feste Wechselkurse, und die Regierung beschließt den Zinssatz zu senken, etwa um die Wirtschaft anzukurbeln.
Denn ein niedriger Zinsfuß bedeutet, dass diejenigen, die investieren oder konsumieren wollen, sich günstiger Geld leihen können.
Wenn aber die Zinsen niedriger sind und das Kapital frei zirkulieren kann, werden dessen Besitzer es lieber woanders anlegen, dort, wo sie mehr dafür bekommen.
Diese Abwanderung von Kapital wiederum bedeutet, dass Geld dieses Landes auf dem Währungsmarkt verkauft und dadurch abgewertet wird.
Was aber nicht mit einem festen Wechselkurs kompatibel ist.
Q.E.D.!

Im 19. Jahrhundert, dem Zeitalter des »Laisser Faire«, wird das Trilemma dadurch gelöst, dass die Staaten auf eine autonome Währungspolitik verzichten und damit auch auf die Möglichkeit, die Wirtschaft so zu lenken, dass das Kapital frei zirkuliert.

Doch wenn ihnen das gelingt, nutzen sie die Gelegenheit, denn die industrielle Revolution erforderte gewaltige Investitionen in die Infrastruktur, vor allem die Eisenbahnen.

Und da England finanziell besonders stark ist, erringt es eine Vorreiterrolle bei internationalen Finanzgeschäften.

Am Vorabend des Weltkriegs hat es 20 Milliarden Dollar, das ist ein Viertel des Volksvermögens, im Ausland angelegt.

Frankreich liegt etwas dahinter mit 9 Milliarden Dollar, das sind 15 % des Volksvermögens.

Ein ganz zentraler Akteur dieser ersten Staffel der Serie »Globalisierung«, der, wie das manchmal so ist, in der zweiten nicht wieder auftaucht, ist die Zirkulation der Menschen. Zwischen 1820 und 1913 verlassen 56 Millionen Menschen die Alte Welt und wandern in eine Neue Welt aus (Nord- und Südamerika, Australien).

60 % davon siedeln sich in den Vereinigten Staaten an.

Alles in allem können wir diese Epoche, trotz der vor allem für die Zeit nach 1879 typischen Schutzzollpolitik, mit Fug und Recht die der ersten Globalisierung nennen.

Sowohl auf dem Gebiet des Handels und des Kapitals wie auch auf dem der Migration war der internationale Austausch außerordentlich intensiv.

Doch es kam anders, als Montesquieu gedacht hatte, für den »die natürliche Folge des Handels der Frieden« war.

Der Erste Weltkrieg läutete das Ende der »Zivilisation des 19. Jahrhunderts« ein, wie Karl Polanyi diese Epoche in »The Great Transformation« nannte, in der die Wirtschaftsordnung vor allem auf freien internationalen Märkten beruhte.

Wie die Globalisierung wieder in Gang kam

Wir mussten also ein halbes Jahrhundert warten, ehe die erste Folge der zweiten Staffel erschien.

Gewiss, die Nachkriegsordnung war durch die Wiederherstellung eines offenen Weltwirtschaftssystems geprägt.

Die Institutionen von Bretton Woods erarbeiteten ein Währungssystem, in dem die Umrechnungskurse erneut fix waren. Doch nun war die Leitwährung nicht mehr das Gold, sondern der Dollar, denn allein dieser konnte frei in Gold umgetauscht werden (zu 35 Dollar die Unze).

Das GATT (das ist die englische Abkürzung für Allgemeines Zoll- und Handelsabkommen) sorgte dafür, dass die Zollbarrieren niedrig bleiben.

Der Weltwährungsfonds (IWF) wurde geschaffen, um über die Stabilität der internationalen Finanzbeziehungen zu wachen.

Und mit der Schuman-Erklärung vom 9. Mai 1950 begann der Aufbau eines vereinigten Europa.

Allerdings beginnt der internationale Handel seinen Höhenflug erst gegen Ende der 1960er Jahre, und die kommunistischen Länder und die meisten Entwicklungsländer bleiben außen vor.

Eine zweite Staffel also, die sozusagen mit einer partiellen Globalisierung einhergeht, beginnt.

Genau, diese erste Folge spielt sich vor allem zwischen den entwickelten Ländern ab.

Denn in vielen Entwicklungsländern, vor allem in Lateinamerika, geht es damals jeweils um eine auf den heimischen Markt konzentrierte Entwicklung. Ihnen geht es um die Entwicklung ihrer eigenen Industrie, darum, selbst zu produzieren statt zu importieren. Eine Strategie, die sich nicht sehr von der unterscheidet, die in manchen Politikerreden zum Umgang mit Covid 19 fröhliche Urständ feiert ...

Auch wenn die Gründe unterschiedlich sind.

Vergessen wir aber nicht, dass zur selben Zeit die Tigerstaaten Asiens (Südkorea, Hongkong, Taiwan und Singapur) dabei sind, die Bühne des Welthandels zu betreten.

Und dafür setzen sie auf den Export von zu geringen Kosten handgefertigter Luxusgüter, vor allem im Bekleidungssektor.

Übrigens führten diese Länder damals unwissentlich ein, was bald als das A und O einer gelungenen Entwicklung gilt: Nämlich, dass sie sich auf die Eingliederung in den Weltmarkt stützt.

Diese wiederbeginnende Globalisierung des Handels wird bald durch eine wichtige Neuerung vorangebracht: den Standardcontainer für den Seetransport.

Wir verdanken dessen Erfindung dem amerikanischen Fuhrunternehmer Malcolm McLean.

Es brauchte immer eine gehörige Zeit, bis die Hafenarbeiter meine Lieferungen auf den Schiffen verstaut hatten.

Da habe ich ein Mittel gesucht, die Zeit und die Kosten für diese Arbeit zu reduzieren.

Zuerst wollte ich die Lastwagen auf die Schiffe bringen, doch dann stellte ich fest, dass dadurch zu viel Frachtvolumen verlorengehen würde.

Dann kam ich auf die Idee, nur den Frachtraum der Laster, die Container, zu nutzen, und ich habe zwei Tanker in Containerschiffe umgewandelt.

Die Fahrt von einem davon von Newark nach Houston im Jahre 1956 war die erste Fahrt eines modernen Container-Frachters!

Diese Erfindung revolutioniert den Transport und entsprechend den Warenhandel, indem sie ihn sowohl sicherer macht (Container können verriegelt werden, was bei Massengütern nicht möglich ist) als auch schneller und kostengünstiger.

Der Vietnamkrieg mit seinen gewaltigen logistischen Erfordernissen für die Amerikaner geben der Erfindung den entscheidenden Schub und machen sie zu einer globalen Erscheinung.

Diese zweite Globalisierung betrifft doch auch die Finanzwirtschaft, oder?

Ja, aber nicht von Anfang an.

Nach dem Krieg galt die Auffassung, dass kurzfristige Anlagen (also solche, die ebenso schnell ein Land wieder verlassen können, wie sie hineingekommen sind) zu destabilisierend auf die Volkswirtschaften wirken, als dass man sie allein den Kräften des Marktes überlassen könnte.

Solange das System von Bretton Wood in Kraft bleibt und feste Wechselkurse gelten, ist die Zirkulation des Kapitals begrenzt und lässt einen gewissen Spielraum für die Geldpolitik.

Das entspricht Robert Mundells Dreieck der Unvereinbarkeiten!

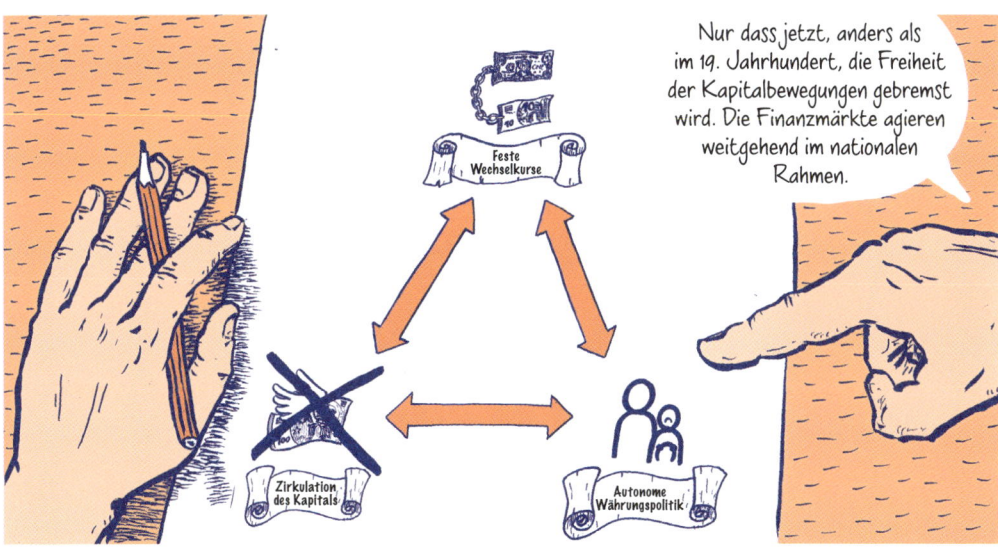

Feste Wechselkurse

Zirkulation des Kapitals

Autonome Währungspolitik

Nur dass jetzt, anders als im 19. Jahrhundert, die Freiheit der Kapitalbewegungen gebremst wird. Die Finanzmärkte agieren weitgehend im nationalen Rahmen.

Der amerikanische Präsident Richard Nixon setzt diesem System ein Ende, als er im August 1971 beschließt, die freie Konvertibilität von Dollar und Gold zu beenden.

1973 werden die Wechselkurse flexibel: Dies ermöglicht die Liberalisierung der Kapitalbewegungen, und dies führt dazu, dass diese in den 1980er Jahren deutlich zunehmen.

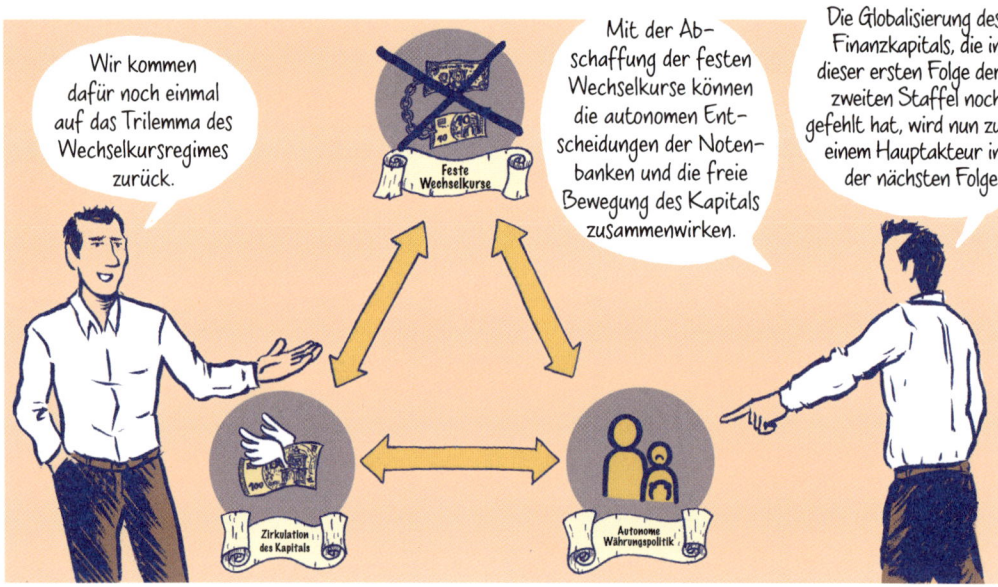

Wir kommen dafür noch einmal auf das Trilemma des Wechselkursregimes zurück.

Feste Wechselkurse

Mit der Abschaffung der festen Wechselkurse können die autonomen Entscheidungen der Notenbanken und die freie Bewegung des Kapitals zusammenwirken.

Die Globalisierung des Finanzkapitals, die in dieser ersten Folge der zweiten Staffel noch gefehlt hat, wird nun zu einem Hauptakteur in der nächsten Folge.

Zirkulation des Kapitals

Autonome Währungspolitik

Doch es gab doch wohl auch Kapitalflüsse in dieser ersten Folge, nicht wahr?

Völlig richtig. Übrigens sind auch die zahlreichen Entwicklungsländer, die sich gegenüber dem Welthandel abgeschottet haben, um ihre eigene Industrie zu entwickeln, nicht von den Finanzströmen ausgeschlossen.

Der gewaltige Anstieg des Erdölpreises von 3 auf 12 $ das Barrel* beschert den OPEC**-Staaten erhebliche Profite, denen nur zum Teil Kosten gegenüberstehen.

Dieser Überschuss wird dann bei westlichen Banken deponiert, die sie benutzen, um Entwicklungsländer zu finanzieren, vor allem in Lateinamerika. Doch der Umfang der Kapitalflüsse in dieser Folge ist nicht mit dem zu vergleichen, was wir als nächstes beobachten werden.

*Fass mit 159 l Rohöl
**Organisation erdölexportierender Länder

Die globale Finanzwirtschaft - eine angelsächsische Erfindung?

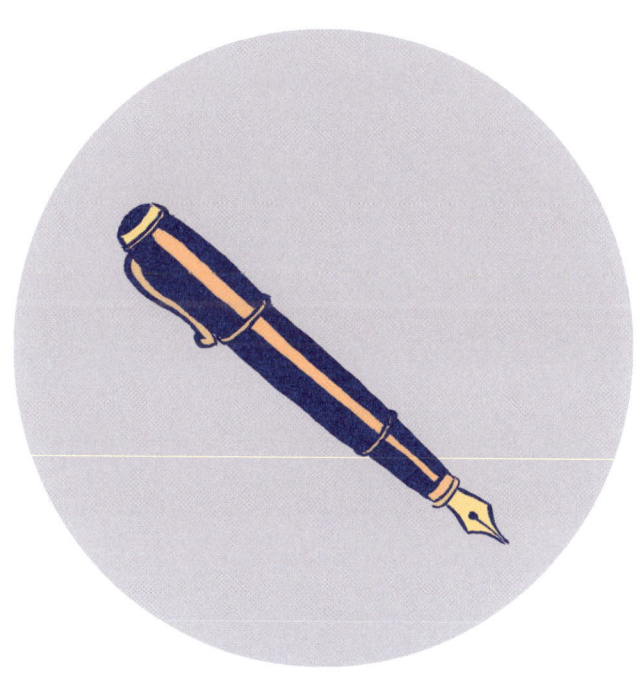

Anfang der 1980er Jahre beginnt eine neue Folge dieser zweiten Staffel.

Wenn man ihr einen Titel geben müsste, so würde der zweifellos »Tina« laute, das ist die Abkürzung für den Lieblings- spruch von Margaret Thatcher.

There is no alternative!

Das ist das Stichwort. Die Marktkräfte sollen befreit und alle Hindernisse beiseite geräumt werden: Hindernisse für den Handel und den freien Fluss des Kapitals und überhaupt alle Regeln, die das freie Unternehmertum fesseln.

Der Wahlsieg der Konservativen auf beiden Seiten des Atlantik – Margaret Thatcher 1979 in Großbritannien und Ronald Reagan in den USA 1980 – mar- kiert den Beginn einer Ära, in der die wirtschaftsliberale Orthodoxie herrscht.

Die eiserne Lady und der aus »King's Row« bekannte
Schauspieler werden von derselben Muse inspiriert:
dem Ökonomen der Chicagoer Schule Milton Friedman,
der staatliche Eingriffe in die Wirtschaft bekämpft.

»Ich bin gegen
jeglichen Eingriff des Staates
in die Wirtschaft.«

Milton Friedman
in einem Interview mit
»Que Pasa« (Santiago)
1975

»Die großen
Fortschritte der Zivilisation –
sei es in der Architektur, der Malerei, der
Wissenschaft oder der Literatur, der Industrie
oder der Landwirtschaft waren nie das Ergebnis
der Einmischung eines zentralisierten Staates.«

Milton Friedman, »Kapitalismus
und Freiheit«, 1962

»Wenn man der Marktkonkurrenz
ihren freien Lauf lässt, schützt sie den Verbraucher weit besser als alle staatlichen Mechanis-
men, die dem Markt übergestülpt worden sind.«

Milton Friedman,
»Chancen, die ich meine«,
1980

»Dagegen ist kein
Einwand möglich: Es gibt kein anderes
Mittel (...), das annähernd so effektiv wäre, die
Lage des Mannes auf der Straße zu verbessern,
als die von einem System freien Unternehmertums
freigesetzte Produktivität.«

Milton Friedman, Fernsehinterview
mit Phil Donahue, 1979

Die Botschaft ist klar, und sie wird gehört werden, nachdem sie im Labor des Neoliberalismus getestet worden ist: dem Chile des Diktators Pinochet.

Es ist nun also die Stunde gekommen, die Marktkräfte zu befreien und die Hindernisse zu beseitigen, die sie gefesselt hatten.

Der französische Wirtschaftswissenschaftler Michel Aglietta, ein Spezialist für die Makroökonomie der Finanzen, erklärt das so:

Auf den Kapitalismus der Lohnabkommen und des Fordismus, der vor den inflationären Krisen vorherrschte, folgte mit Beginn der 1980er Jahre ein vor allem finanzbasierter Kapitalismus.

Ersterer beruhte auf der Entwicklung juristischer und sozialer Schutzmechanismen, einer strikten Regulierung des Finanzmarkts und kollektiven Lohnverhandlungen, dank derer die Fortschritte in der Produktivität zu höheren Löhnen führte, was wiederum eine erhöhte Nachfrage garantierte.

Letzterer erhob den Aktienwert (die Befriedigung der Aktionäre) und die Finanzwirtschaft zu den unbestrittenen Herren des Geschehens.

Aber in Frankreich waren doch zu dieser Zeit nicht die Konservativen an der Macht!* Wieso konnte dann das Finanzkapital einen solchen Stellenwert bekommen?

Doch das Konjunkturpaket seines Ministerpräsidenten Pierre Mauroy scheiterte.

Die Franzosen wählten in der Tat im Mai 1980 einen sozialistischen Präsidenten, François Mitterand, der andere Ziele verfolgte als seine Kollegen auf der anderen Seite des Ärmelkanals und des Atlantik.

Es scheiterte in einem internationalen Kontext, der durch den zweiten Ölpreisschock von 1979 geprägt war, nämlich an der Kapitalflucht und Angriffen gegen den Franc, die auch durch drei Abwertungen innerhalb von 18 Monaten nicht gestoppt werden konnten.

Denn eine Konjunkturbelebung zu einem Zeitpunkt, zu dem die Handelspartner Frankreichs mit einer Rezession zu kämpfen haben, heißt vor allem, die Importe zu vergrößern – und das wiederum führt zu einem schlechteren Handelsbilanzsaldo, was die Marktakteure beunruhigt.

*in der BRD löste der Konservative Helmut Kohl 1982 den Sozialdemokraten Helmut Schmidt als Bundeskanzler ab.

Da sie eine Abwertung der Währung voraussehen, die das Handelsbilanzdefizit verringern soll, verkaufen sie sogleich ihre Francs (weil sie nach der Abwertung weniger wert sein würden).

Die Zentralbank kauft deshalb Francs, um die Währung zu stützen (und verkauft dafür Devisen), bis sie trotzdem zur Abwertung gezwungen ist. Ihre Devisenreserven sind indessen weitgehend erschöpft.

1983 verkündet Präsident Mitterand eine »Wende zur Sparsamkeit«, um das europäische Währungssystem nicht verlassen zu müssen. Damit ändern sich die bisher gegenüber der Finanzwirtschaft vertretenen Positionen deutlich.

Es waren nicht die Vereinigten Staaten, die dafür gekämpft haben, die Regeln und Pflichten eines liberalen Finanzmarkts durchzusetzen. Die Franzosen sind von den Amerikanern nicht dazu gezwungen worden; im Gegenteil: Sie haben sich an die Spitze der Bewegung gesetzt.

Rawl Abdelal in »Le consensus de Paris: La France et les règles de la finance mondiale« (2005).

Da der Staat feststellen musste, dass die Kontrolle der Wechselkurse nicht nur die Kapitalflucht nicht aufhalten konnte, sondern auch diejenigen am meisten belastete, die ihre Folgen am meisten spürten (die am wenigsten Privilegierten), lockerte er sie immer weiter.

Die Franzosen zogen es vor, die Liberalisierung ihrer Währung nach klaren und systematischen Regeln zu vollziehen, statt ihre Größenordnung ganz dem Marktgeschehen zu überlassen, so wie es den Amerikanern und den Finanzmärkten am liebsten gewesen wäre. Henri Chavranski, seinerzeit Spitzenbeamter des Finanzministeriums und Mitglied der Sozialistischen Partei, dazu:

Unsere Kontrollen der Kapitalbewegungen funktionierten nicht. Es war nicht so, dass jeder sich an ihnen vorbeimogeln konnte; aber es wurden fast nur die bestraft, die keine Freunde an den richtigen Stellen sitzen hatten.

Henri Chavranski
(Illustration mit freundlicher Genehmigung)

Da haben wir endlich verstanden, dass das Kapital in dieser Zeit, in der alles von allem abhängig ist, immer einen Weg finden würde zu zirkulieren, und so waren wir gezwungen, alles zu liberalisieren.

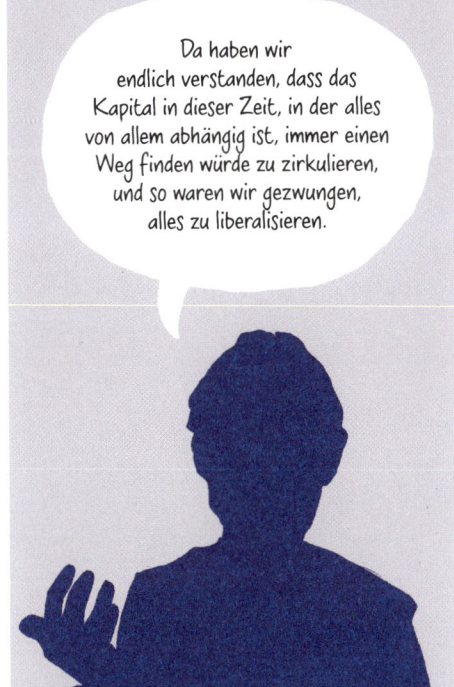

Dass die Linke sich mit der Liberalisierung abgefunden hat, das war etwa so wie ihr Kampf gegen die Inflation. Am Ende haben wir verstanden, dass die Mittelschicht am meisten unter der Regulierung und der Inflation zu leiden hatte.

Pascal Lamy, ehemaliger Generaldirektor der Welthandelsorganisation (WTO)

1985 wird Jacques Delors, der sich als Wirtschaftsminister in Frankreich für einen Sparkurs eingesetzt hatte, Präsident der Europäischen Kommission.

In dieser Eigenschaft setzt er sich energisch für die Direktive ein, die die freie Bewegung des Kapitals in Europa verbindlich machen soll. Die Direktive wird 1988 angenommen.

Für die Franzosen, die sich doch so sehr in der Rolle der unbeugsamen Gallier gegen die Globalisierung und den entfesselten Liberalismus gefallen, ist das schon seltsam.

Zumal die Mitwirkung der Franzosen an diesem Prozess der Liberalisierung der Finanzwirtschaft damit noch gar nicht zuende ist.

In der OECD setzt sich Henri Chavranski dafür ein, dass die Vereinbarung über die Liberalisierung der Kapitalbewegungen von 1961, die kurzfristige Anlagen noch ausschloss, auf alle Anlageformen ausgeweitet wird.

So wird es dann auch 1988 beschlossen. Am 1. Januar 1990 ist das »Kapitalkonto« Frankreichs, das die Kapitalbewegungen zwischen Frankreich und der übrigen Welt registriert, völlig geöffnet: Ausländisches Kapital kann frei nach Frankreich fließen, und ebenso frei kann französisches Kapital das Land verlassen – bis auf ein paar Ausnahmen.

Im GATT wird nun über den Abbau der Handelsbarrieren verhandelt.

Am Ende der Verhandlungen während der Uruguay-Runde (1986-1994) ist der Schutzzoll auf Industrieprodukte unter den entwickelten Ländern um 40 % zurückgegangen, und die Zahl der GATT-Mitgliedsstaaten ist von 83 im Jahr 1978 auf 128 im Jahr 1994 angestiegen.

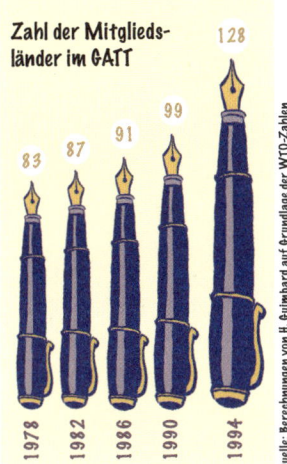

Zahl der Mitglieds-
länder im GATT

128
99
91
87
83

1978 1982 1986 1990 1994

Quelle: Berechnungen von H. Guimbard auf Grundlage der WTO-Zahlen

Zu diesem Zeitpunkt werden auch die Verträge von Marrakesch unterzeichnet, die Gründungsurkunde der Welthandelsorganisation WTO. Diese Verträge beziehen sich auf Regeln für den Handel mit Waren und Dienstleistungen, sowie auf das intellektuelle Eigentum, insofern es den Handel betrifft, und auf die Instanz, die mit der Regulierung von Differenzen befasst ist.

Was ist denn das für ein Ding?

Noch eine Heuschrecke?

Nein, eher so etwas wie ein Gericht, eine Instanz, an die die WTO-Mitglieder appellieren können, wenn sie finden, dass einer ihrer Handelspartner seine Verpflichtungen nicht eingehalten hat.

Wie ist die Globalisierung eigentlich global geworden?

Während die erste Folge dieser zweiten Staffel, was die Handelsbeziehungen betrifft, weitgehend den entwickelten Ländern vorbehalten war, ändert sich das grundlegend mit dem Ölpreisschock von 1979.

Um dem Inflationsschub zu begegnen, der durch den Schock ausgelöst wurde, versuchen die Zentralbanken, die für die Ausführung der Geldpolitik zuständig sind, das Wachstum der zirkulierenden Geldmenge zu begrenzen, und folgen damit der von den Monetaristen, voran Milton Friedman, vertretenen Vorstellung davon, was eine Inflation ausmacht.

Inflation ist stets und überall ein Geldmengenproblem, insofern, als sie allein dadurch zustande kommt, dass die Geldmenge schneller wächst als die Produktion.

Das einzige Mittel (um die Inflation zu bekämpfen) ist, das Wachstum der Geldmenge zu reduzieren.

Um das zu erreichen, sollen die Zentralbanken die Banken dazu anhalten, weniger Geld zu produzieren.

Und wie?

Indem sie den Preis erhöhen, zu dem sie ihnen das Geld leihen, das sie brauchen, um sich zu refinanzieren.

Diesen Preis setzen die Zentralbanken fest, indem sie den »Leitzins« erhöhen, der den Zins bestimmt, zu dem sich die Banken untereinander Geld leihen, aber den sie auch für Kredite an Privathaushalte und Firmen verlangen.

Und wenn der Zins erhöht wird, können die Banken weniger Kredite vergeben – die zirkulierende Geldmenge verringert sich, und die Inflation schrumpft, das heißt, die Preise erhöhen sich weniger schnell.

Diese Strategie verfolgt Paul Volcker, der Präsident der Fed, der amerikanischen Zentralbank, anlässlich des zweiten Ölpreisschocks, indem er den amerikanischen Leitzins von 11 % 1979 auf 20 % 1981 anhebt.

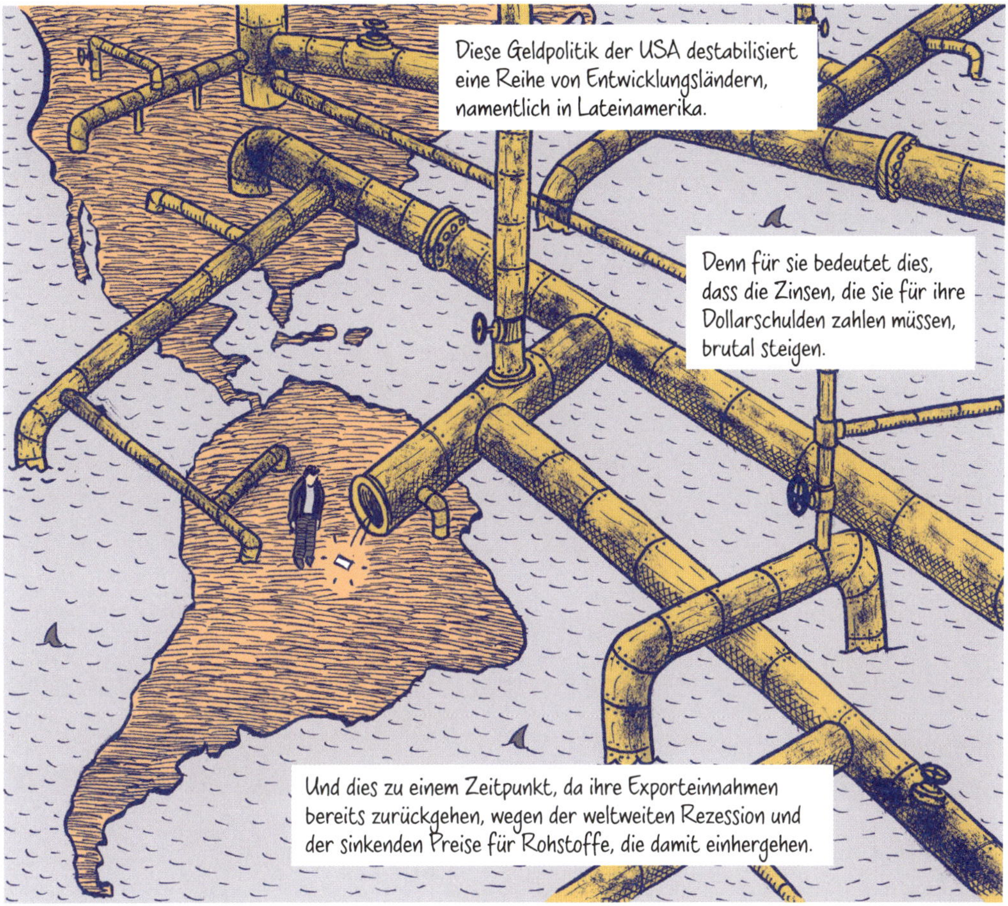

Diese Geldpolitik der USA destabilisiert eine Reihe von Entwicklungsländern, namentlich in Lateinamerika.

Denn für sie bedeutet dies, dass die Zinsen, die sie für ihre Dollarschulden zahlen müssen, brutal steigen.

Und dies zu einem Zeitpunkt, da ihre Exporteinnahmen bereits zurückgehen, wegen der weltweiten Rezession und der sinkenden Preise für Rohstoffe, die damit einhergehen.

Mehr zahlen zu müssen bei weniger Deviseneinnahmen, während die Banken kaum mehr Kredite geben – das konnte nur übel ausgehen!

Mexiko, das nach Brasilien am höchsten verschuldete Land, ist im August 1982 das erste Land, das sich für zahlungsunfähig erklärt, bald gefolgt von Brasilien und Argentinien.

Sobald die erste Überraschung verdaut ist, muss schnell gehandelt werden, um eine Weltwirtschaftskrise zu verhindern.

Zu diesem Zweck garantieren der Internationale Währungsfonds (IWF) und die Bank für Internationalen Zahlungsausgleich, dass sie in letzter Instanz jedem Geld leihen werden, dass jeder sich also an sie wenden kann, wenn ihm sonst niemand Geld leihen will.

Und um den Banken zu garantieren, dass die Umschuldungen und neuen Kredite, die sie den zahlungsunfähigen Staaten gewährten, nicht verschleudert würden, spielt der Internationale Währungsfonds auch die Rolle eines Weltpolizisten.

Er passt auf, dass die Wirtschaftsprogramme, die den Schuldnern auferlegt werden, ihnen erlauben, die Fähigkeit zur Rückzahlung ihrer Schulden wiederzuerlangen.

Für die verschuldeten Länder folgt ein »verlorenes Jahrzehnt«. Denn die »Restrukturierungsprogramme«, die der Internationale Währungsfond ihnen aufzwingt, führen oft zum Abbau der Außenschulden, allerdings um den Preis eines drastischen Rückgangs der Investitionen und der Wirtschaftstätigkeit.

In Washington (dem Sitz des IWF, der Weltbank und des amerikanischen Finanzministeriums) herrscht Einigkeit darüber, dass die Länder, die sich entwickeln wollen, einer Strategie zu folgen haben, die auf volkswirtschaftlicher Stabilität, Privatisierungen und Liberalisierung beruht.

Das heißt Rückzug des Staates zugunsten des Markts. Gut für den, der die Wahl hat.

Nicholas Brady
amerikanischer Finanzminister

Michel Camdessus
Direktor des IWF

Barber Conable
Präsident der Weltbank

Michel Camdessus, seinerzeit Direktor des IWF, geht 1989 sogar so weit, von einer »stillschweigenden Revolution« zu sprechen, um die Veränderungen zu bezeichnen, die sich in den Entwicklungsländern abspielten.

Diese »Revolution« hat tatsächlich stattgefunden. Am Ende der 1980er Jahre und während der 1990er und 2000er Jahre macht die Wendung zum Liberalismus und zur Öffnung nach außen aus Entwicklungsländern vollwertige Akteure der Globalisierung.

Zu diesem Wechsel der Einstellungen bei den Entwicklungsländern tritt der Fall des Eisernen Vorhangs 1989 ...

... sowie der Eintritt zweier demographischer Giganten in die Weltwirtschaft: Chinas und Indiens.

Die 1980er und 1990er Jahre sind daher die, in denen sich die verschiedenen Puzzlestücke der aktuellen Globalisierung zusammenfügen.

Die Globalisierung wird wirklich global.

Seit wann funktioniert das denn nicht mehr richtig?

Am Ende der 1990er Jahre trifft das Vorhaben, die Liberalisierung der Weltwirtschaft, und das heißt, die Globalisierung, weiter voranzutreiben, an verschiedenen Fronten auf Widerstand.

So, wie die Rolling Stones sangen:

You can't always get what you want !

Damals entsteht eine Bewegung, die eine andere Art von Globalisierung fordert, zur selben Zeit, als eine Finanzkrise nicht etwa in erster Linie Länder trifft, deren Wirtschaft als schwach oder zu wenig in die Weltwirtschaft integriert gilt, sondern die Musterschüler der internationalen Organisationen.

% attac

DIE WELT IST KEIN

Das Scheitern des multilateralen Investitionsabkommens MAI im Jahre 1998, das seit 1995 in der OECD verhandelt worden war, eröffnet den Ball.

MAI soll die bestehenden Handelsabkommen verlängern und für eine weitere Öffnung der Länder für ausländische Investitionen sorgen ...

Es garantiert ausländischen Investoren zudem, dass ihre Anlagen nicht durch Änderungen in der Gesetzgebung des jeweiligen Landes bedroht werden.

Das heißt im Wesentlichen, dass ihre Investitionen gesichert sind.

Du willst sagen, ihnen wurde garantiert, dass sie zum Beispiel nie enteignet und genauso behandelt würden wie die einheimischen Unternehmen?

Wenn es nur das gewesen wäre, wäre der Widerstand gegen MAI sicher weit geringer gewesen.

Doch darin vorgesehen waren bestimmte Verpflichtungen der Staaten gegenüber ausländischen Investoren, und zwar ausschließlich diesen.

Zudem waren diese Garantien keinesfalls präzise definiert.

Die ausländischen Investoren sollten das Recht der Staaten in Frage stellen können, legitime politische Ziele zu verfolgen, indem sie sie bei einer internationalen Instanz verklagen konnten, die geschaffen werden sollte, um Streitfragen zu schlichten. Damit hätten sie mehr Rechte gehabt als die einheimischen Unternehmen.

Die den ausländischen Investoren angebotenen Garantien bedrohten also die Souveränität der Staaten?

Ja. Wenn zum Beispiel ein Staat Maßnahmen ergreifen würde, um den Gebrauch eines Produkts zu untersagen, weil es gesundheits- oder umweltschädlich ist, hätte ein ausländischer Investor gegen diesen Staat klagen können, wenn er fand, dass das Verbot ihm schadete, und finanziellen Schadensersatz fordern.

Als Mitte 1997 der Text des Abkommens durchsickert und sich im Internet verbreitet, löst das eine internationale Protestbewegung der Zivilgesellschaft aus.

Zu diesen Protesten gesellen sich die internen Meinungsunterschiede unter den Verhandlern und das nur lauwarme Interesse der politischen Führer, das infolge des Widerstands noch weiter abkühlt.

Im April 1998 werden die Verhandlungen für 6 Monate unterbrochen.

Sie werden nie wieder aufgenommen.

Dominique Strauss-Kahn, französischer Wirtschafts- und Finanzminister, im Oktober 1998:

Man wird nach MAI nie wieder so verhandeln wie vor MAI.

Man wird bei Verhandlungen neue Zwänge berücksichtigen müssen. Die Völker lassen sich nicht mehr so regieren wie in der Vergangenheit.

Eine Warnung!

Was zunächst nicht gehört wurde, sich aber 20 Jahre später bei der Wahl von Donald Trump in den USA bewahrheiten sollte ...

... auch im wachsenden Populismus in Europa oder beim Brexit im Vereinigten Königreich.

Ein weiteres gescheitertes Projekt ist das von Michel Camdessus.

Camdessus fordert 1995 eine Änderung der Statuten des IWF, um die Befugnisse der internationalen Organisation, deren Generaldirektor er damals ist, gegenüber Kapitalbewegungen zu erweitern.

Die idyllischen Botschaften, die die internationalen Organisationen damals zu den Segnungen der Liberalisierung und offener Finanzmärkte aussenden, werden ernsthaft in Frage gestellt durch die asiatische Finanzkrise von 1997.

Eigentlich recht attraktive und erfolgreiche Volkswirtschaften wie die von Indonesien, Thailand, Malaysia und sogar Südkorea verlieren abrupt das Vertrauen der internationalen Anleger.

Der massive Abzug von Kapital ist von einer massiven Abwertung der Währungen und großen Schäden für die Wirtschaft wie für das Finanzsystem begleitet und machen eine internationale Hilfe durch den IWF nötig.

Denn die Liberalisierung erlaubt zwar einerseits, ausländisches Kapital zu nutzen, setzt andererseits aber die Länder, die davon profitieren, dem Risiko plötzlichen Kapitalabzugs mit verheerenden Konsequenzen aus.

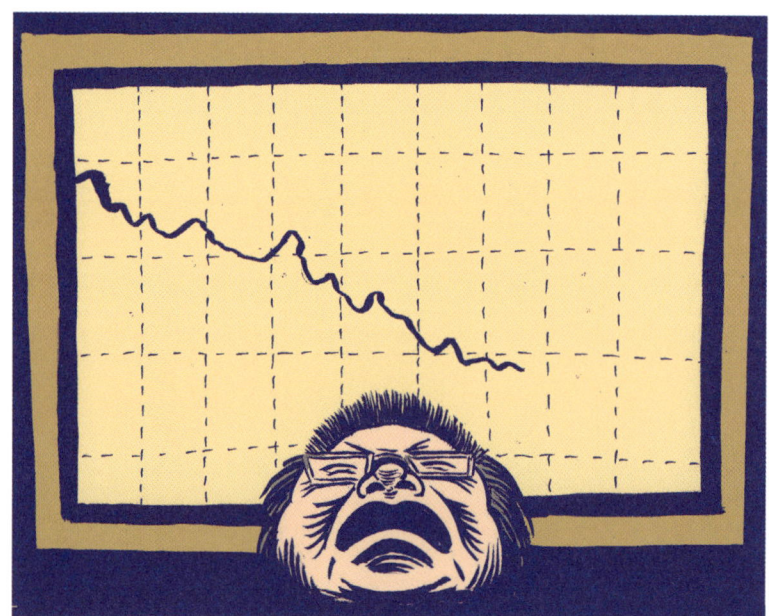

Von dieser Krise beunruhigt, wenden sich die im Verwaltungsrat des IWF vertretenen Entwicklungsländer gegen das Projekt von Camdessus.

Der Druck, den die Parlamentarier der Demokratischen Partei auf das amerikanische Finanzministerium ausüben, damit es diese Reform nicht länger unterstützt, gibt ihr 1999 den Todesstoß.

Im selben Jahr 1999 erlebt die
Protestbewegung gegen die Globalisierung anlässlich des WTO-Gipfels
in Seattle einen neuen Höhepunkt.

Nach Investitionen und Kapitalbewegungen ist es nun die Liberalisierung des Welthandels, die in vieler
Hinsicht eine Niederlage erleidet.

Der für Seattle vorgesehene Beginn der ersten Verhandlungsrunde der WTO muss verschoben werden.

Es dauert bis zur Konferenz der WTO in Doha 2001, dass diese Verhandlungen beginnen können, aber sie führen zu keinem Abkommen, weil es kein Einverständnis über die Verhandlungsmodalitäten gibt.

2006 werden die Verhandlungen der Doha-Runde, die 2004 hätten beendet sein sollen, unterbrochen.

Noch heute sind die Abkommen, die die multilateralen Handelsbeziehungen regeln, bis auf wenige Ausnahmen dieselben, die 1994 in Marrakesch unterzeichnet worden sind.

Ist das letzte Wort zur Globalisierung bereits gefallen?

Während die Doha-Runde steckenbleibt, schreitet die Öffnung der Märkte in einem anderen Rahmen voran.

Denn auf

folgt

You can't always get what you want

But if you try sometime you'll find, you get what you need !

Das stammt nicht nur aus der Feder der Rolling Stones!

Von 2001 an kommt es nämlich immer häufiger zu regionalen Handelsabkommen. Ihre Zahl wächst von 11 im Jahr 1977 auf 252 im Jahr 2015.

Sie betreffen immer mehr Themen und gehen damit weit über das hinaus, was die WTO verhandeln kann, indem sie ganz ähnliche Regelungen zum Schutz aus-ländischer Investoren vorsehen, wie sie das MAI haben sollte.

Man muss also feststellen, dass auf dem Gebiet des internationalen Handels und der grenzüberschreitenden Investitionen die umstürzenden Bäume mehr Lärm gemacht hatten als die nachwachsenden Wälder.

Auch auf dem Gebiet der Finanzen bedeutet das Scheitern der Kompetenzausweitung des IWF nicht, dass die Liberalisierung des Kapitalmarkts geringer geworden ist.

Das Gegenteil ist der Fall!

In den 1990er und 2000er Jahren öffnen die wichtigsten aufstrebenden Volkswirtschaften ihre Finanzmärkte.

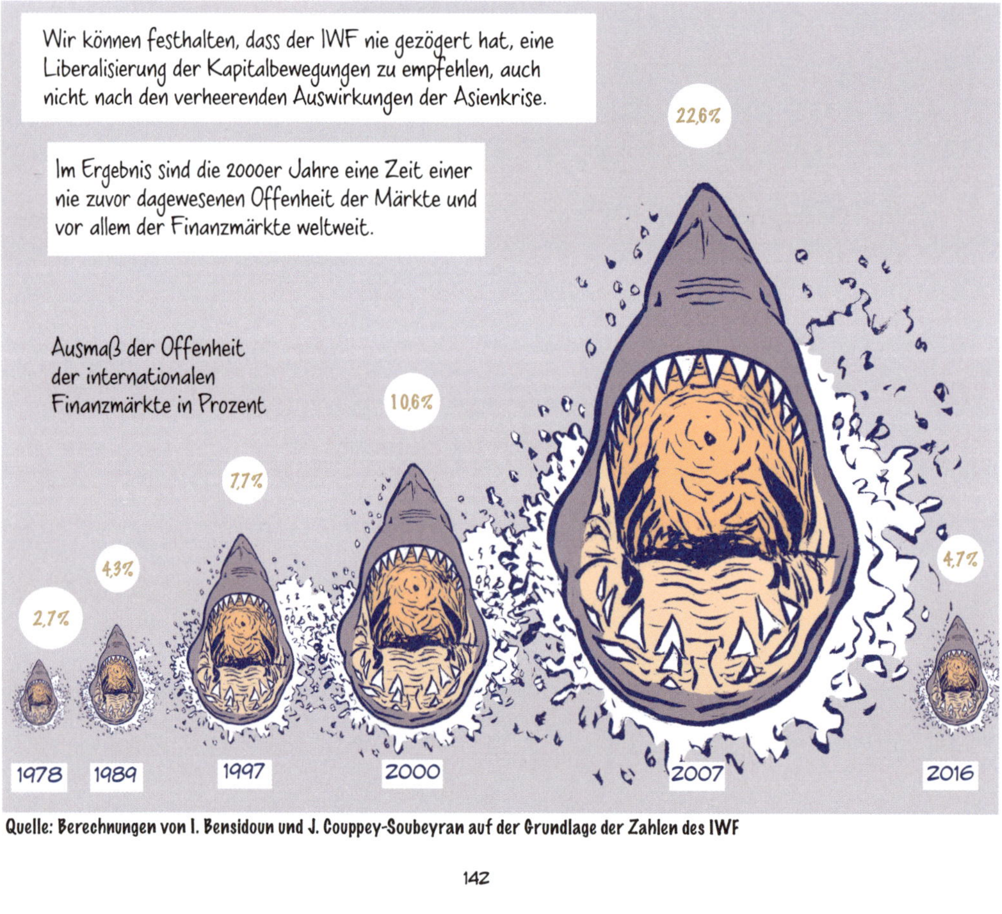

Wir können festhalten, dass der IWF nie gezögert hat, eine Liberalisierung der Kapitalbewegungen zu empfehlen, auch nicht nach den verheerenden Auswirkungen der Asienkrise.

Im Ergebnis sind die 2000er Jahre eine Zeit einer nie zuvor dagewesenen Offenheit der Märkte und vor allem der Finanzmärkte weltweit.

Ausmaß der Offenheit der internationalen Finanzmärkte in Prozent

22,6%

10,6%

7,7%

4,3%

2,7%

4,7%

1978 1989 1997 2000 2007 2016

Quelle: Berechnungen von I. Bensidoun und J. Couppey-Soubeyran auf der Grundlage der Zahlen des IWF

China ist die Ursache für vieles in dieser außergewöhnlichen Periode.

2007 wird es der größte Exporteur von Industrieprodukten und 2009 der größte Exporteur von Waren überhaupt.

China importiert auch in großem Stil und wird 2010 zum weltweit größten Importeur von Vorprodukten* und trägt damit erheblich bei zum Anstieg der Rohstoffpreise in den 2000er Jahren.

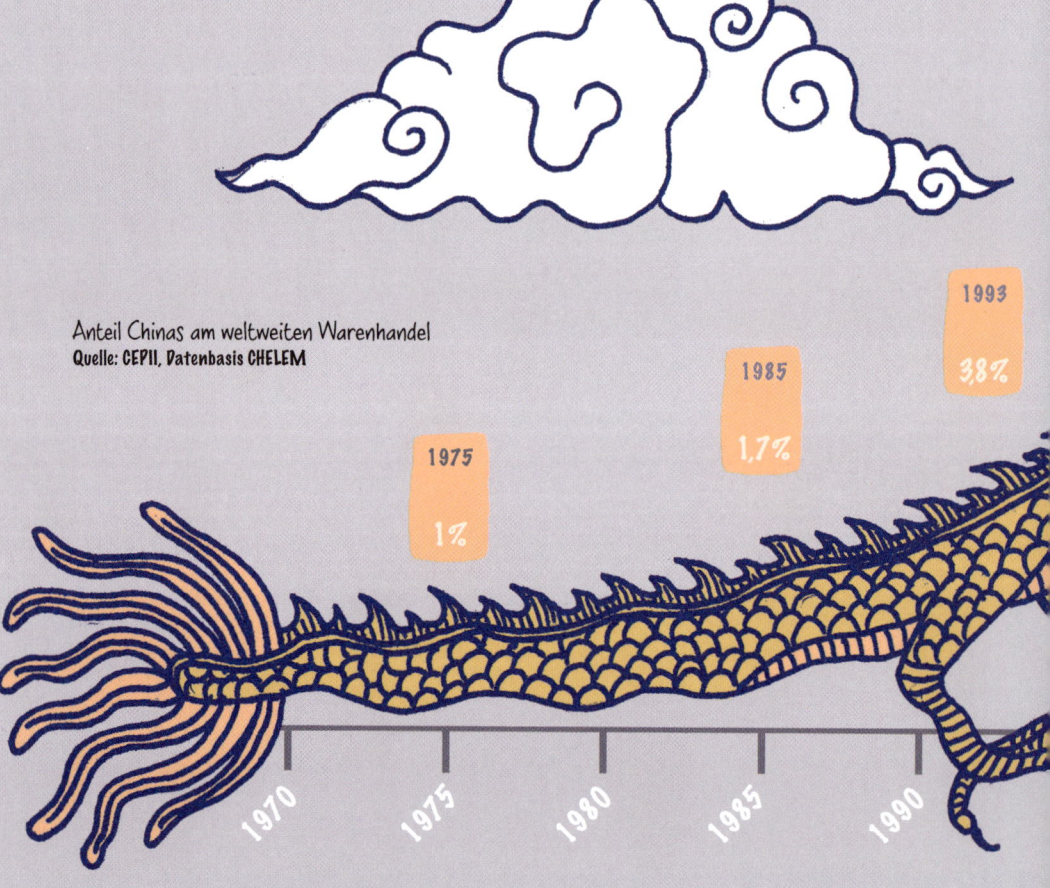

Anteil Chinas am weltweiten Warenhandel
Quelle: CEPII, Datenbasis CHELEM

1975
1%

1985
1,7%

1993
3,8%

1970   1975   1980   1985   1990

*Energie, Rohstoffe, Mineralien und unverarbeitete Agrarprodukte

2018
16,8%

2008
12,5%

2002
8,4%

China ist auch zur Werkbank der Welt geworden, und die Wertschöpfungsketten Asiens sind weitgehend auf das Land zentriert.

2000   2005   2010   2015   2018

Das chinesische Wachstum der 2000er Jahre war vor allem ein Wachstum der Investitionen, der Produktion und der Exporte.

Der Konsum der Haushalte blieb dagegen begrenzt: Die Politik bevorzugte die Unternehmen, die unterbewertete Währung machte Importprodukte teurer, und die nur schwach ausgebauten sozialen Netze veranlassten die Haushalte zum Sparen.

Die Folge war, dass das Land immer mehr produzierte, aber verhältnismäßig wenig konsumierte, während die Sparrate explodierte.

Und da Investitionen zwar erheblich waren, aber nicht ausreichten, um die Ersparnisse zu absorbieren, musste ein großer Teil dieser Guthaben exportiert werden.

So kam es, dass ein nicht geringer Teil dieses Geldes in die Vereinigten Staaten gelangte, was dazu führte, dass die Haushalte dort dazu ermuntert wurden, sich zu verschulden – zuerst die solventeren, dann die weniger solventen. Sie sollten Immobilien erwerben und so den Geldkreislauf stimulieren.

Anton Brender und Florence Pisani, die Autoren von »La Crise de la finance globalisée« (2009) erklären uns, wie die chinesischen Ersparnisse, die die Chinesen nicht im Ausland anlegen konnten, dennoch ihren Weg in den Export fanden.

Sparguthaben zu exportieren ist nicht dasselbe wie Güter zu exportieren: Es bedeutet Geld zu verleihen. Und Geld zu verleihen ...

Das noch unterent- wickelte und nach außen geschlossene chinesische Finanz- system war dazu nicht in der Lage. Und an dieser Stelle kommt die globalisierte Finanzwirtschaft ins Spiel. Denn es müssen zahlreiche Risiken einge- gangen wer- den.

... ist zwangs- läufig risikobehaftet. Deshalb muss man jemanden finden, der das Risiko der Kredite auf sich nimmt, die mit diesen Ersparnissen finanziert werden sollen.

Zunächst das Risiko der Wechselkurse, denn die ChinesInnen hatten Yuans beiseite- gelegt, während amerikanische Haushalte sich Dollars liehen.

Weiterhin ein Risiko der Verzinsung und ein Liquiditätsrisiko, denn das in Sparkonten angelegte Geld kann kurzfristig zurückgezogen werden, während die zugesagten Kredite langfristig sind und niemand in dieser Zeit ihre Rückzahlung verlangen kann.

Und dann ist da noch das Kreditrisiko, denn man kann nie sicher sein, dass ein Kredit zu- rückgezahlt wird.

Damit wir verstehen, wie die den amerikanischen Haushalten eingeräumte Kredite das Gegenstück zu den Sparbüchern der chinesischen Haushalte werden konnten, müssen wir die Kette der Risikoübernahme nachverfolgen, die vereinfacht so aussah:

Ein amerikanischer Haushalt nimmt einen Immobilienkredit auf.

BANK

Eine amerikanische Bank gewährt den Immobilienkredit.

AAA

Bank
Hypothekenkredit
Bankkredit

Die Immobilienkredite werden in Obligationen umgewandelt. Dies nennt man »Verbriefung«.

Ein Risikonehmer kauft die Obligationen und nimmt da-für bei Banken kurzfristige Kredite auf.

Zins-risiko
Kreditrisiko
Liquiditäts-risiko

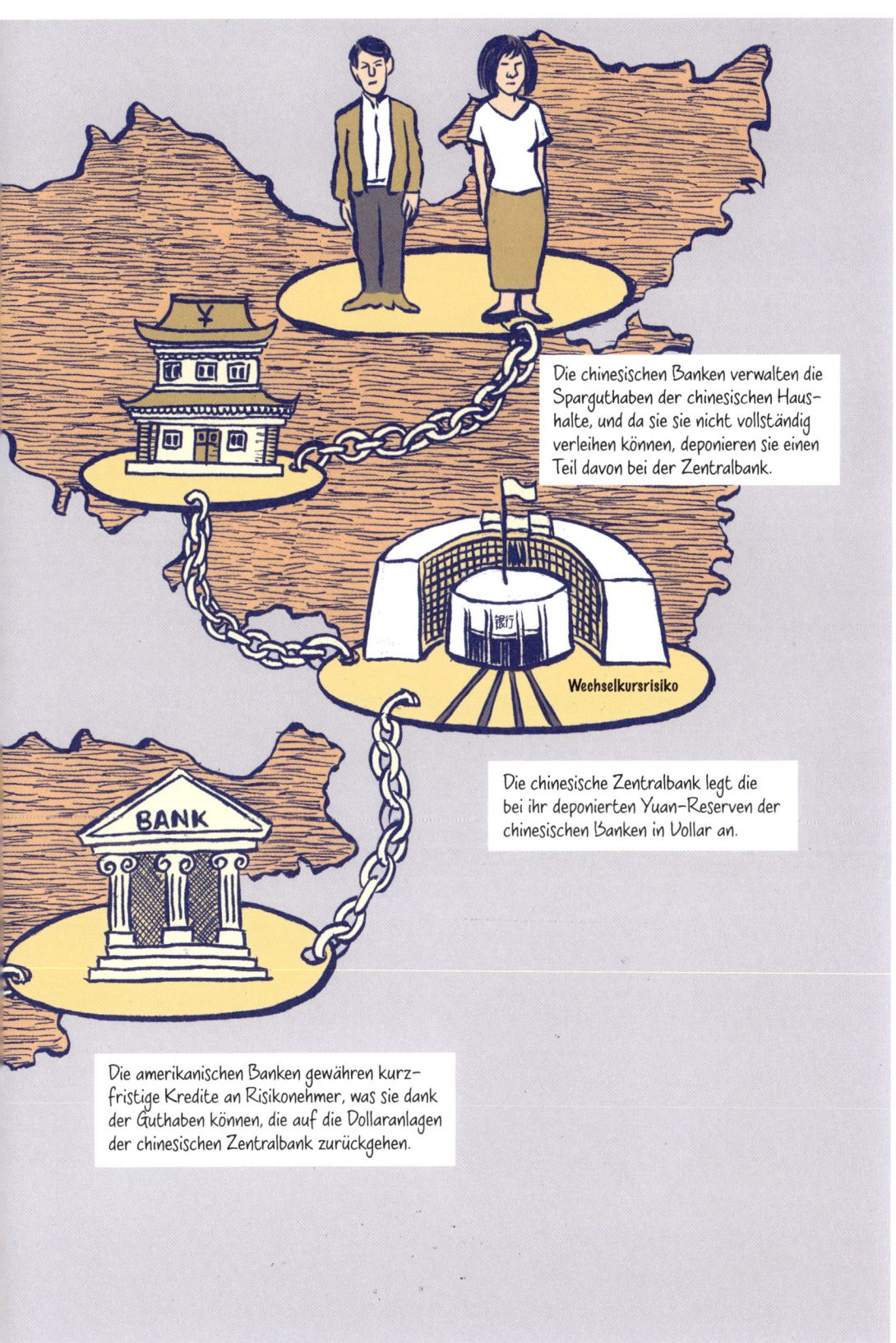

Die chinesischen Banken verwalten die Sparguthaben der chinesischen Haushalte, und da sie sie nicht vollständig verleihen können, deponieren sie einen Teil davon bei der Zentralbank.

Wechselkursrisiko

Die chinesische Zentralbank legt die bei ihr deponierten Yuan-Reserven der chinesischen Banken in Dollar an.

Die amerikanischen Banken gewähren kurzfristige Kredite an Risikonehmer, was sie dank der Guthaben können, die auf die Dollaranlagen der chinesischen Zentralbank zurückgehen.

Die Kredite, die die amerikanischen Banken den Haushalten gewähren, bleiben nicht lange in ihrer Bilanz.

Sie werden »verbrieft«, das heißt in Titel verwandelt, die frei auf dem Markt gehandelt werden können.

Sie können nun von »Risiko-nehmern« gekauft werden, Finanzakteuren, die damit Geld verdienen, dass sie Risiken eingehen.

Es handelt sich um die »Hedgefonds« (wenig reglementierte Investmentfonds, die eine hohe Rentabilität anstreben und dafür Risiken eingehen) oder ad hoc geschaffene Anlageinstrumente, mit deren Hilfe Investitionen platziert werden können.

Diese Akteure über-nehmen die Risiken der den Haus-halten gewährten Kredite: Sie kaufen die den Immobiliendarlehen entsprechenden Forderungen und finanzieren ihre Käufe, indem sie kurzfristige Kredite bei einer Bank aufnehmen. Die amerikanischen Banken leihen ihnen dieses Geld, weil sie über Dollarguthaben verfügen, die aus den Anlagen der chinesischen Zentralbank hervorgegangen sind. Diese nimmt dabei das Wechselkursrisiko auf sich: Sie hat auf der Seite ihrer Aktiva Dollars, denen auf der Passivseite die Yuans entsprechen, die die chinesi-schen Geschäftsbanken, die in der Masse der Sparguthaben ertrinken, nicht anders unterbringen können als bei ihrer Zentralbank.

Die Globalisierung des Finanzwesens hat so für ein armes Land mit einem unterentwickelten Finanzsystem, eben China, ein schnelles Wachstum ermöglicht, indem es seine überschüssigen Sparguthaben in die amerikanische Volkswirtschaft exportierte.

Das Wachstum der Nachfrage in den USA verlangte eine fortwährende Unterstützung durch eine Geldpolitik, die die Verschuldung und damit die Ausgaben der amerikanischen Haushalte stimulierte. Anderenfalls hätte die Nachfrage unter dem sinkenden Einkommen der amerikanischen Mittelklasse gelitten. Diese Einkommen erodierten einerseits deshalb, weil ein Teil des Markts für Industrieprodukte an die Chinesen gefallen war, vor allem aber infolge der explodierenden Einkommensunterschiede.

Angetrieben von der nach außen hin guten Performance der USA und Chinas, profitierte mehrere Jahre lang auch die Weltwirtschaft weithin von diesem System.

Bis die Finanzkrise von 2008 deutlich machte, dass die Risiken, die sich im globalisierten Finanzsystem angehäuft hatten, völlig unterschätzt worden waren und weitgehend vom, wie es von nun an hieß, »shadow banking« getragen wurden.

Und was ist das?

Schattenbanken!

Das sind Finanzinstitute, die so ähnlich sind wie Banken, außer dass sie sich nicht an die Regeln einer vorsichtigen Geschäftsführung halten: Dabei geht es vor allem um Hedgefonds und Anlageinstrumente.

Und es war in der Tat die unzureichende Regulierung, die dazu führte, dass es im Finanzsektor immer mehr komplizierte Konstruktionen gab, die zwar kurzfristig sehr lukrativ waren, jedoch versteckte Risiken enthielten. Der Finanzsektor konnte diese Risiken überhaupt nicht abdecken und deren toxische Summe wurde der übrigen Wirtschaft in Form einer schrecklichen Wirtschaftskrise aufgebrummt.

153

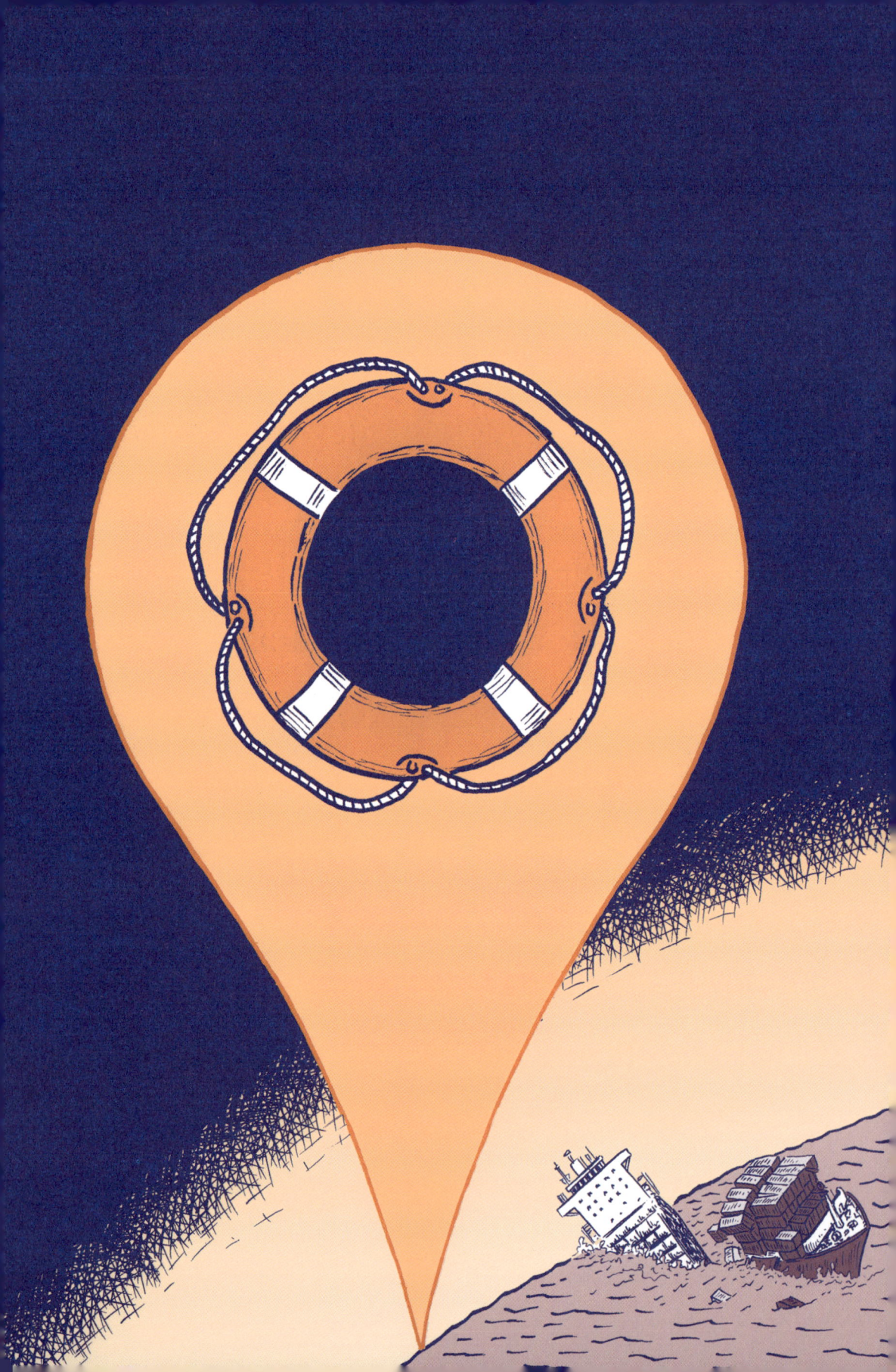

3. Teil

Das große Misstrauen

Die zweite Staffel hat ausgesprochen schlecht geendet. Denn obwohl die Globalisierung eine spektakuläre Verminderung der Armut versprochen hat, sitzt sie schon seit einem Jahrzehnt auf der Anklagebank. Vernichtung von Arbeitsplätzen, ungezügelte Finanzwirtschaft und Umweltzerstörung: Das Gefühl verbreitet sich, dass es mehr Verlierer als Gewinner der Globalisierung gibt.

Populistische Parteien in Europa finden Zulauf.

Brexit-Votum

Donald Trump wird gewählt.

Man streitet sich um die geplanten Freihandelsabkommen ...

Seit der Finanzkrise von 2008 nimmt der Widerstand gegen die Globalisierung zu.

Sogar die Europäische Kommission spricht jetzt von einem »systemischen Rivalen« in Bezug auf China.

Vor diesem Hintergrund hat die Covid-19-Pandemie unsere Verwundbarkeit offenbart – durch die Unterbrechung der Lieferungen von lebenswichtigen Dingen wie Medikamenten, Masken oder Beatmungsgeräten.

Wir müssen uns deshalb fragen ...

Jean-Claude Juncker, von 2014 bis 2019 Präsident der Europäischen Kommission.

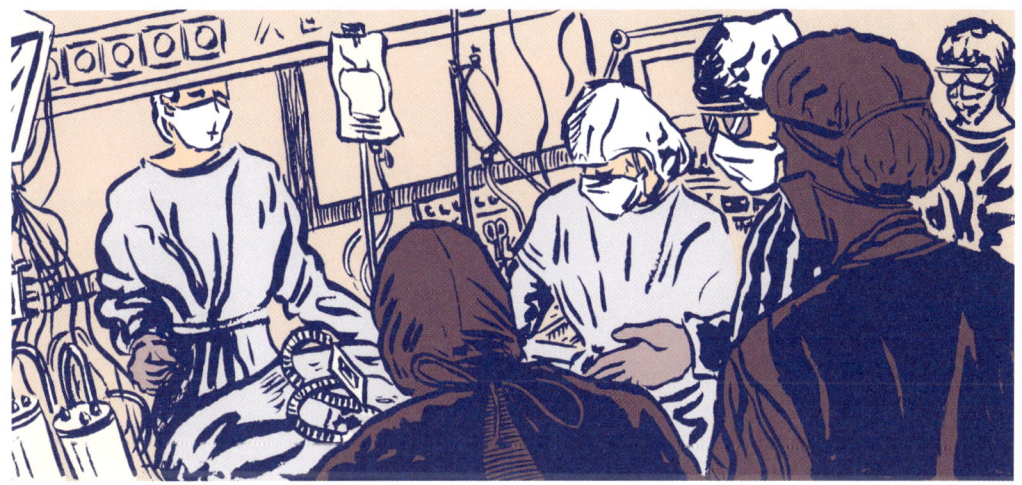

Emmanuel Macron (aus einer Rede vom 12. März 2020):

Was diese Pandemie deutlich gemacht hat, ist, dass es Güter und Dienstleistungen gibt, die nicht den Gesetzen des Marktes unterworfen sein sollten. Es ist Wahnsinn, unsere Ernährung, unseren Schutz, unsere Fähigkeit zu pflegen, kurz, die Grundlagen unseres Lebens anderen zu überlassen.

Und der Anteil der Franzosen, die finden, dass die Globalisierung eine Bedrohung darstellt, ist von 49 % 2017 auf 60 % im September 2020 gestiegen.*

65 % sind jetzt der Meinung, dass Frankreich sich besser schützen muss.

Anteil der Franzosen, die finden, dass sich Frankreich besser vor der Außenwelt schützen muss.

58%
Januar 2013

60%
April 2015

53%
Juli 2017

61%
August 2019

65%
September 2020

Quelle: Meinungsumfrage OpinionWay für Le Printemps de l'économie

Deshalb müssen wir uns fragen, ob die Globalisierung nützlich war, und für wen sie es war!

Als man die Franzosen 2018 zu diesem Thema befragte, war die Botschaft klar:

Von ihnen waren der Ansicht, dass sie negative Effekte auf ihre Kaufkraft hatte: 58 % ...

... auf die Beschäftigung: 64 % ...

... auf Löhne und Gehälter: 65 % ...

... und auf den Umweltschutz: 55 %.

Und fast die Hälfte der Franzosen bezweifelten, dass die Globalisierung dem Wirtschaftswachstum zugutekam!

Und doch erwarteten sie eine Sache sehr wohl davon, nämlich die Vermehrung des globalen Reichtums.

Quelle: Meinungsumfrage OpinionWay für Le Printemps de l'économie

*Bei den Deutschen ist der Anteil laut einer im SPIEGEL veröffentlichten Civey-Umfrage von 33 % 2017 auf 58 % im Januar 2020 gestiegen.

Begünstigt die Globalisierung das Wirtschaftswachstum?

Tatsächlich erwarten wir vom Handel, dass er uns alle reicher macht. Vor allem, weil er uns erlaubt, uns auf das zu konzentrieren, was wir am besten können, und den Rest zu importieren.

Das ist das Prinzip der Spezialisierung aufgrund des komparativen Kostenvorteils, einer Idee, die David Ricardo seit 1817 populär gemacht hat.

Der Vorteil ist »komparativ«, weil es nicht darum geht, der absolut beste der Handelspartner zu sein – was für viele Länder unerreichbar ist –, sondern einfach darum, die Sektoren herauszufinden, wo man einen gewissen Vorteil hat.

Erklärung:

Als Spezialist für Währungstausch, wie schon sein Vater es war, beschäftigte sich der Brite David Ricardo (1772–1823), sobald er ein Vermögen gemacht hatte, mit der Wirtschaftswissenschaft.

Nehmen wir an, dass in England 10 Arbeitsstunden benötigt werden, um einen Liter Wein zu produzieren und ebenso lange, um 1 Meter Tuch zu produzieren.

Und in Portugal erfordert 1 Liter Wein 6 Arbeitsstunden und 1 Meter Tuch 8 Stunden.

Beide Herstellungsprozesse sind günstiger in Portugal (sie erfordern weniger Arbeitsstunden), doch die Weinproduktion wird vorteilhafter für Portugal sein, wenn es mehr als 3/4 (6/8) Meter Tuch für jeden Liter Wein erhält, das heißt, mehr als den inländischen Tauschwert.

Und für England wäre das ebenso vorteilhaft, wenn der Tauschwert nicht höher als 1 Meter Tuch für einen Liter wäre.

Ein anderer Vorteil des internationalen Handels ist der: Wenn der Exportsektor gestärkt wird, kann man für einen größeren Markt produzieren und erzielt dadurch Skalenerträge, denn in großen Mengen zu produzieren, erlaubt meistens, die Kosten der Produktion zu senken.

Außerdem belebt der Handel die Konkurrenz, wobei die besser aufgestellten Unternehmen einen Vorteil haben, sodass alle einen Anreiz haben, Neuerungen einzuführen und ihre besonderen Stärken zu entwickeln.

Theoretisch ist das also positiv. Und wie sieht das in der Praxis aus?

Da wird es kompliziert: Wachstum hängt von so vielen Faktoren ab, dass es sehr schwierig ist, die Rolle der Öffnung für den Handel zu isolieren, und erst recht, daraus eine allgemeine Regel abzuleiten.

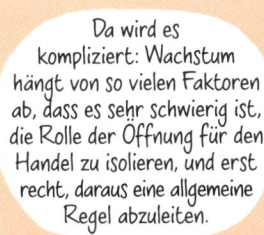

Übrigens, als die Weltbank 2006 eine »Wachstumskommission« unter der Leitung von Michael Spence (Nobelpreis für Wirtschaft) einsetzte, war das Resultat ihrer Arbeit vor allem die Einsicht, »dass es darauf ankommt«!

Die schlechte Wirtschaftspolitik von heute ist oft die gute Politik von gestern, die nur zu lange verfolgt worden ist.

Es ist schwer vorherzusagen, wie die Wirtschaft auf eine bestimmte Politik reagiert. Was heute eine gute Lösung zu sein scheint, muss nicht auch künftig richtig sein.

Wir müssen also anerkennen, dass die Internationalisierung der Wirtschaft nur eine Option der Wirtschaftspolitik unter anderen ist. Ihr Erfolg hängt davon ab, wie und in welchem politischen Kontext sie umgesetzt wird.

Aber kam man nicht trotzdem Schlussfolgerungen ziehen aus den Erfahrungen verschiedener Länder?

Doch. So haben eine Reihe von Staaten die Strategie verfolgt, ihre Industrialisierung voranzubringen, indem sie Importe durch die einheimische Produktion ersetzten.

Die Idee dahinter ist die, »junge« Industrien vor der Konkurrenz von außen zu schützen, bis sie stark genug geworden sind, um der Konkurrenz von Importen standzuhalten.

Es war der deutsch-amerikanische Ökonom Friedrich List (1789–1846), der dies theoretisch ausgearbeitet hat.

Jedenfalls beruht diese Strategie nicht auf der wirtschaftlichen Öffnung – im Gegenteil!

Und sie hat in zahlreichen Fällen funktioniert, vor allem in den USA im 19. Jahrhundert.

Und im Japan der Meiji-Zeit (1868–1912).

Sie ist auch in der Zeit von 1950 bis 1980 in großem Stil von den lateinamerikanischen Staaten verfolgt worden, allerdings mit mäßigem Erfolg. Deshalb haben die meisten dieser Länder danach ihre Strategie geändert. Das hat ihre Probleme jedoch keineswegs gelöst.

Ein ganz anderer Weg zum Wirtschaftswachstum besteht darin, die Exporte zu fördern, um die Industrie zu stärken.

England ist am Anfang der industriellen Revolution auf diesem Weg vorangegangen, allerdings in einem ziemlich einzigartigen Kontext, denn seine Wirtschaft war damals die am weitesten fortgeschrittene.

In der jüngeren Zeit ist Japan seit den 1950er Jahren diesem Beispiel gefolgt, indem es eine sehr starke Exportwirtschaft entwickelt hat, zuerst im Bereich von Textilien und Bekleidung, dann immer mehr mit Konsumgütern wie vor allem Autos und Elektronik.

Der Erfolg war gewaltig: Das »japanische Wirtschaftswunder« hat Japan in den 1980er Jahren zur zweitgrößten Volkswirtschaft der Welt gemacht. Die Tigerstaaten Asiens und vor allem China sind dann diesem Modell gefolgt.

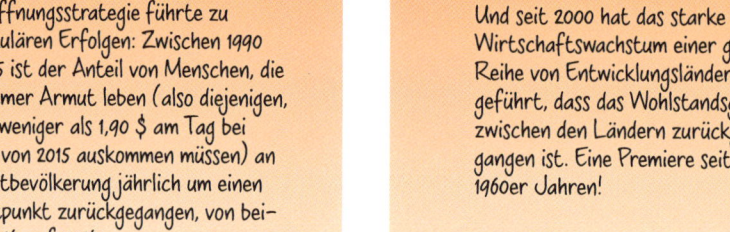

Diese Öffnungsstrategie führte zu spektakulären Erfolgen: Zwischen 1990 und 2015 ist der Anteil von Menschen, die in extremer Armut leben (also diejenigen, die mit weniger als 1,90 $ am Tag bei Preisen von 2015 auskommen müssen) an der Weltbevölkerung jährlich um einen Prozentpunkt zurückgegangen, von beinahe 36 % auf 10 %.

Und seit 2000 hat das starke Wirtschaftswachstum einer ganzen Reihe von Entwicklungsländern dazu geführt, dass das Wohlstandsgefälle zwischen den Ländern zurückgegangen ist. Eine Premiere seit den 1960er Jahren!

Das heißt, Exportieren und Öffnung nach außen ist heute das Wunderrezept für Wachstum?

So einfach ist das nicht.

Diese Erfolge haben die Wirksamkeit eines Entwicklungsmodells gezeigt, das sich auf den Export stützt und in dem sich die Importe ebenso stark vermehren, doch das bedeutet keineswegs eine totale Öffnung der Volkswirtschaften ohne Wenn und Aber.

In den meisten dieser Länder ist der Staat sehr aktiv und ziemlich dirigistisch geblieben, oft bei strategischer Industrieförderung und gezieltem Schutz vor Importen.

Statt den internationalen Handel als Bedrohung anzusehen, haben sie ihn als Hebel für die Stärkung ihrer Wirtschaft benutzt.

Mit einer Mischung aus Protektionismus und Öffnung haben diese Länder es geschafft, ein fortgeschrittenes Entwicklungsniveau zu erreichen.

Denn Öffnung ist nötig, um Wachstum anzuregen, nicht nur durch Nachahmung, sondern auch durch Innovation.

Im Übrigen gibt es heute keine reichen Länder mehr mit geschlossenen Handelsgrenzen.

Unter den Industriestaaten der G7 ist das (sieht man von Sonderabkommen ab) höchste durchschnittliche Zollniveau das der Europäischen Union mit 5,1%

ZOLL
DOUANE

Das heißt, wir haben wenig Vergleichsmöglichkeiten. Alle entwickelten Volkswirtschaften sind in großem Maße globalisiert. Es gibt kein zeitgenössisches Beispiel eines reichen Landes, das uns erlaubte, die Wirkung gänzlich unterschiedlicher Grade der Handelsöffnung zu beobachten.

Du meinst, es ist unmöglich genau zu sagen, was der Effekt der Globalisierung etwa auf die Wirtschaft Frankreichs ist? Wenn man sieht, mit welcher Überzeugung die Prediger der wirtschaftlichen Öffnung die »glückliche Globalisierung« preisen, ist das doch recht erstaunlich ...

Andererseits treten die Gegner der Globalisierung ebenso selbstsicher auf. Kann man denn wirklich nicht sagen, wer recht hat?

Was das Wirtschaftswachstum betrifft, ist das kompliziert, bei anderen Themen, die ebenfalls in der Diskussion sind, fangen wir aber an, klarer zu sehen ...

Erhöht die Globalisierung die Kaufkraft?

Eines der Hauptargumente der Anhänger der Globalisierung lautet: Die Öffnung des Handels erhöht die Kaufkraft!

Und was zuerst die Kaufkraft bestimmt, das sind die Preise.

AUSVERKAUF

Wenn etwas importiert wird, bedeutet das, dass die Verbraucher die ausländischen gegenüber den einheimischen Produkten bevorzugen.

SONDERPREIS

30 AUSVERKAUF 40

Und wenn sie das tun, dann deshalb, weil diese importierten Produkte bei vergleichbarer Qualität preiswerter sind. Sonst würden sie sie ja nicht kaufen.

Wir alle kennen die billigen Kleidungsstücke, Spielzeuge oder Kochtöpfe aus China.

Aber beeinflusst das in großem Maße den Preis der Summe der Verbrauchsgüter?

Franzosen und Deutsche kaufen immer mehr in Niedriglohnländern, vorzugsweise in Asien und Osteuropa, hergestellte Produkte. Der Anteil dieser Importe am Konsum hat sich in Frankreich zwischen 1994 und 2014 verdreifacht.

1994 2%
1998 3%
2002 4%
2008 6%
2014 7%

Quelle: Carluccio et al. (2018)

Und das hat den Franzosen ermöglicht, 30 Milliarden Euro zu sparen.

Das macht immerhin 1000 Euro pro Haushalt!

In Wahrheit sind die Ersparnisse noch weit größer, weil die französischen Unternehmen für die Herstellung ihrer Produkte Teile und Komponenten verwenden, die sie aus Ländern kommen lassen, wo sie zu geringen Kosten gefertigt werden. Die Importe von Zwischenprodukten verringern die Herstellungskosten einheimischer Waren um etwa ein Viertel.

Kurz, den Effekt genau zu beziffern ist schwer, aber er ist erheblich.

Die Globalisierung hat also durch Senkung der Preise die Kaufkraft der Franzosen erhöht.

Aber was hat sie für eine Auswirkung auf die Beschäftigung und die Löhne gehabt? Schließlich braucht man ein Einkommen, um kaufen zu können.

Dass die Liberalisierung des Handels sowohl Gewinner als auch Verlierer erzeugt, ist nichts Neues.

Wolfgang Stolper (1912–2002) und Paul Samuelson (1915–2009) haben daraus zu Beginn der 1940er Jahre sogar einen Lehrsatz gemacht.

Paul Samuelson

Mit der Öffnung des Handels steigt der Reallohn »des Produktionsfaktors, der intensiver in der Produktion verwendet wird« in einem Land (typischerweise die qualifizierte Arbeit in einem entwickelten Industrieland).

Denn dies ist der Faktor, der intensiv für die Produktion der Güter verwendet wird, auf die sich das Land mit der Handelsöffnung spezialisiert hat, während der Lohn für den Faktor der übrigen Produktion (die unqualifizierte Arbeit) sinkt.

Nach dieser Theorie sind es in einer hochentwickelten Volkswirtschaft die leitenden Angestellten und die akademischen Berufe, die höhere Einkommen erzielen.

Die unqualifizierten Arbeiter dagegen müssen den Gürtel enger schnallen.

Kurz, die Öffnung für den Welthandel müsste zu einem zunehmenden Ungleichgewicht der Einkommen führen ...

Genau. Doch bei Stolper und Samuelson werden die Einkommen nur neu verteilt, weil sie davon ausgehen, dass Vollbeschäftigung herrscht.

Doch wenn das nicht der Fall ist oder wenn die Arbeitnehmer nicht einfach von einem Sektor in einen anderen wechseln können, betrifft die Umverteilung auch die Zahl der Arbeitsplätze.

Trotzdem waren viele Ökonomen bis vor Kurzem der Ansicht, dass der Handel mit Niedriglohnländern keine große Rolle für die Beschäftigungsrate und die Einkommen der entwickelten Länder spielten. Vielmehr sei es vor allem die technische Entwicklung, die Automatisierung, die Arbeitsplätze vernichte.

Der amerikanische Wirtschafts-Nobelpreisträger Paul Krugman schreibt 1996 in »Der Mythos vom globalen Wirtschaftskrieg«:

Die am wenigsten qualifizierten Arbeitskräfte leiden darunter am meisten [...], denn die mehr und mehr auf Hochtechnologie ausgerichtete Wirtschaft bedarf ihrer Dienste immer weniger.

Unsere Handelsbeziehungen mit der übrigen Welt spielen dabei allenfalls eine untergeordnete Rolle.

Es ist allerdings schwierig, die Folgen der Öffnung des Handels und des technischen Fortschritts auseinanderzuhalten, denn beide hängen eng zusammen.

Der technische Fortschritt treibt die Globalisierung an, und die treibt wieder den technischen Fortschritt an.

Doch seit eine in der angesehensten wirtschaftswissenschaftlichen Zeitschrift, der »American Economic Review«, veröffentliche Studie nachgewiesen hat, dass die Konkurrenz der Importe aus China erhebliche Folgen auf die Beschäftigung und die Löhne in den USA hatte, haben sich die Fronten verschoben.

Gewissheiten kamen ins Wanken.

Gerade zu einem Zeitpunkt, als die Ökonomen sich über die Folgen des internationalen Handels auf die Beschäftigung und die Löhne einig wurden, kam es zu einer deutlichen Veränderung in der Struktur des Welthandels.

David Autor, zusammen mit David Dorn und Gordon H. Hanson einer der Autoren der Studie →

Paul Krugman fragte sich im März 2018, was ihm wohl in den 1990er Jahren entgangen war.

Was war falsch an der allgemeinen Auffassung in den 1990er Jahren, dass es nur geringe Auswirkungen der Globalisierung gebe?? Vieles.

Der Export von Industrieprodukten aus Entwicklungsländern ist deutlich über das Niveau hinausgewachsen, das er hatte, als diese Auffassung sich etablierte. Dieses starke Wachstum in Verbindung mit Handelsbilanzdefiziten bedeutet, dass die Globalisierung zu deutlich mehr Krisen und Kosten für einen Teil der Arbeiterschaft geführt hat, als allgemein angenommen worden war.

Die Konkurrenz der Importe aus China erklärt den Rückgang von 16 % bei der Fabrikarbeit in den USA zwischen 1990 und 2000, von 26 % zwischen 2000 und 2007 und von 21 % im gesamten Zeitraum.

Und was bedeutet das für Frankreich?

Die Übertragung dieser Studie auf Frankreich führt zu denselben Ergebnissen.

SIE HABEN EINEN TERMIN

EMPFANG

SIE HABEN KEINEN TERMIN

JOBCENTER

Für die Zeit zwischen 2001 und 2007 schätzt man die Zahl der wegen der chinesischen Konkurrenz verlorengegangenen Fabrikarbeitsplätze auf 90 000, das sind 13 % der in dieser Zeit in diesem Bereich verlorengegangenen Arbeitsplätze.

Da dies vor allem Arbeitnehmer mit mittlerer Qualifikation betrifft, etwa Facharbeiter, führt der Rückgang von Arbeitsplätzen zu einer Polarisation auf dem Arbeitsmarkt, zwischen sehr schlecht und sehr gut Bezahlten.

In der Folge sind in Frankreich 190 000 Arbeitsplätze in den anderen Sektoren verlorengegangen.

Mit zuweilen grausamen Konsequenzen vor Ort,
wenn die Schließung der Fabrik eine Stadt ihres
wirtschaftlichen Herzens beraubt: Die Subunternehmen gehen in Konkurs, die Cafés schließen,
der Friseursalon hat kaum noch Kunden.

Dazu kommt, dass die flächenmäßige Verarmung
den Ort oft wenig attraktiv für neue Unternehmen macht, die wirtschaftliche Partner und gut
ausgebildete Arbeitskräfte brauchen.

Es gibt dafür genügend Beispiele, doch am bekanntesten geworden ist die Stadt Denain in Nordostfrankreich.*

Émile Zola hat sie in »Germinal« beschrieben. Sie hat sich nie mehr erholt von der Schließung des örtlichen Stahlwerks und der Stilllegung der Hochöfen.

*Ähnliche Beispiele finden sich in Deutschland etwa im Ruhrgebiet oder im mitteldeutschen Industriegebiet

Vierzig Jahre danach ist die Haupteinkaufsstraße der Stadt noch immer verlassen, die Arbeitslosenrate ist höher als 35 % und sogar 50 % bei der Jugend.

Die Armutsrate* beträgt 40 %, und bei den Präsidentschaftswahlen hat die rechte Kandidatin Marine Le Pen 60 % der Stimmen bekommen.

*Anteil der Bevölkerung mit einem Lebensstandard unter 60 % des mittleren Lebensstandards, d. h. unter 1.041 € pro Monat, 2017

Diejenigen, denen die Konkurrenz aus China nicht den Arbeitsplatz genommen hat, spüren das dennoch am Geldbeutel: In Gebieten, wo die Importe eine direkte Konkurrenz für die regionale Produktion darstellen, sind die Löhne weniger schnell gestiegen als anderenorts.

Dort sind die mittleren Lohngruppen (Facharbeiter, Techniker, Vorarbeiter ...) oft besonders betroffen, während es die höher Qualifizierten kaum sind und die am schlechtesten Bezahlten immerhin durch den Mindestlohn geschützt sind.

Gibt es mehr Verlierer als Gewinner der Globalisierung?

> Die Intensivierung des Handels mit den aufstrebenden Industrieländern hat also zu niedrigeren Preisen im Supermarkt geführt, aber sie hat auch Arbeitsplätze vernichtet und die Löhne nach unten gezogen.

> Die Verteidiger der Globalisierung führen vor allem ihre wohltätigen Effekte auf die Preise und auf den globalen Reichtum an und gehen davon aus, dass diejenigen, die ihren Arbeitsplatz verloren haben, am Ende einen neuen finden werden in einem Bereich, der von der Globalisierung profitiert.

P. LAMY VS J. STIGLITZ

> Wenn das so wäre, hat die Globalisierung langfristig einen positiven Einfluss auf die Einkommen.

Die Kritiker der Globalisierung betonen dagegen ihre Wirkung auf Beschäftigung und Einkommen und glauben weniger daran, dass diejenigen, die ihren Arbeitsplatz verloren haben, wenigstens auf die Dauer einen anderen finden werden.

Denn die Arbeitsplätze, die die Globalisierung schafft, unterscheiden sich deutlich von denen, die sie vernichtet, und sie finden sich selten am selben Ort. In eine andere Region zu ziehen, ist aber aus persönlichen und finanziellen Gründen schwierig.

Selbst in den USA, wo der Arbeitsmarkt traditionell sehr flexibel ist, ist die geographische Mobilität recht gering.

Man könnte ja behaupten, dass die Gewinner die Verluste der Verlierer »kompensieren«.

Aber das ist meist nicht der Fall.

Und dazu hat die Entwicklung der Steuern beigetragen!

In den OECD-Ländern hat die Globalisierung von Mitte der 1990er Jahre bis zur Finanzkrise 2008 eine Erhöhung der Steuern auf die mittleren Arbeitseinkommen mit sich gebracht, während die für die reichsten um 1% gesunken sind!

Das ist die entgegengesetzte Entwicklung zu der in den 1980er Jahren, als die Öffnung der Handelsgrenzen dazu führte, dass diejenigen mehr Steuern zahlten, die am meisten davon profitierten.
Die Tendenz, die Steuern für die Reichen zu senken, war häufig durch die Befürchtung motiviert, sie könnten das Land verlassen, wenn sie zu hoch besteuert würden: Das Argument war oft übertrieben, es zeigt jedoch, dass die Mobilität der Menschen den Handlungsspielraum des Staats einengt.

Es ist also nicht verwunderlich, dass unter diesen Bedingungen die Periode der Hyper-Globali-sierung von einer zunehmenden Ungleichheit der Verteilung des Reichtums in zahlreichen Ländern begleitet war.

Frankreich machte da keine Ausnahme, doch die Ungleichverteilung des Reichtums war hier geringer als in vielen anderen Ländern.*

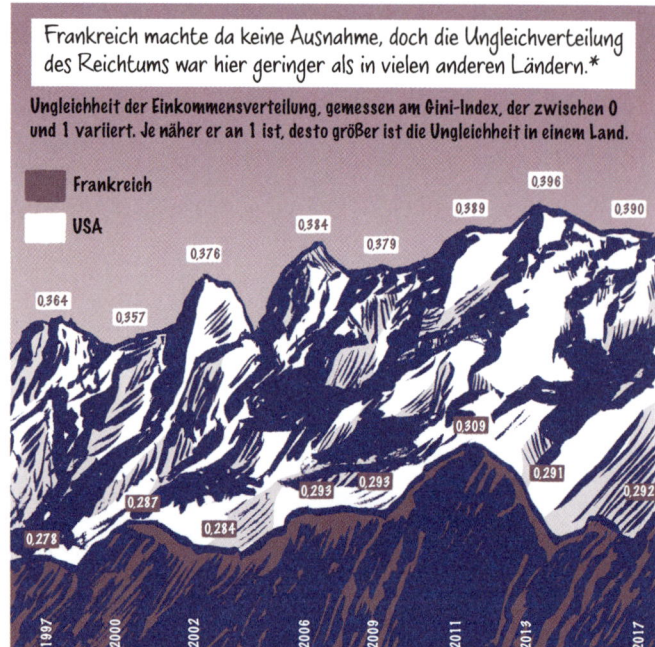

Ungleichheit der Einkommensverteilung, gemessen am Gini-Index, der zwischen 0 und 1 variiert. Je näher er an 1 ist, desto größer ist die Ungleichheit in einem Land.

■ Frankreich
□ USA

0,364 · 0,557 · 0,376 · 0,384 · 0,379 · 0,389 · 0,396 · 0,390 · 0,309 · 0,291 · 0,292
0,278 · 0,287 · 0,284 · 0,293 · 0,293

1997 · 2000 · 2002 · 2006 · 2009 · 2011 · 2013 · 2017

Source : OCDE

Und das, obwohl zwischen dem Ende der 1990er Jahre und dem Ende der 2000er Jahre die Umverteilung (durch direkte Steuern und Sozialabgaben) immer weniger dazu beitrug, die Ungleichheit der Einkommen zu verringern (sie ging von 23 % 1998 auf weniger als 20 % 2009 zurück).

Im folgenden Jahrzehnt (zwischen 2010 und 2018) hat die Umverteilung da-gegen ermöglicht, dass die Einkommensunterschiede (nach Umverteilung, d.h. netto) zurückgingen, während sie vor der Umverteilung (brutto) zunahmen.

Also waren es im Grunde genommen unser Steuersystem und unsere sozialen Netze, durch die der Schaden begrenzt werden konnte.

Umverteilung zielt per Defini-tion darauf ab, Ungleichheit zu begrenzen. Doch ihre Entwicklung kann, wie wir gesehen haben, mehr oder auch weniger dazu beitragen. 2017 und 2018 konnten wir übri-gens beobachten, dass sie wieder weniger günstig verlief.

Quelle: Berechnungen der Autoren auf der Grundlage von Insee

Verminderung der Einkommensunterschiede durch Umverteilung in Frankreich

1998 — 22,9%
2004 — 22,1%
2009 — 19,7%
2014 — 22,3%
2016 — 23%
2018 — 22,2%

*Zum Vergleich: In Deutschland ist der Gini-Index der Ungleichverteilung der Einkommen zwischen 1991 und 2016 von 0,247 auf 0,295 gestiegen. (Quelle: WSI)

Sollte die Produktion wieder ins Land geholt werden?

Ein Mittel, alle Auswirkungen auf die Beschäftigung, die Löhne zu begrenzen ... könnte doch sein – was übrigens 9 von 10 Franzosen fordern –, unsere Industrieproduktion wieder ins Inland zurückzuholen?

Es stimmt, die große Mehrheit möchte, dass die Industriearbeitsplätze bei uns sind und nicht anderswo.

Aber um es deutlich zu sagen: eine Re-industrialisierung wird die Herstellung von Produkten nicht nach Frankreich zurück-bringen, bei denen wir keinerlei Vorteil gegen-über Ländern haben, wo die Kosten der Arbeitskraft deutlich geringer sind.

Denn nur wenige Menschen würden sie bei Preisen kaufen, zu denen sie in Frankreich her-gestellt werden könnten. Oder sie müssten in großem Umfang subventioniert werden, damit sie preiswerter sind.

Subventionen aber sind das Geld der Steuerzahler: Wenn es dafür ausgegeben wird, fehlt es an anderen Stellen.

In bestimmten Branchen – wie etwa der Textilindustrie – ist die einzige Produktion, die im Inland noch möglich ist, die Nischen-produktion von sehr hochwertiger Bekleidung, denn die tritt nicht mit Herstellern aus China, Vietnam oder den Philippinen in Konkurrenz.

Dazu kommt noch, dass Frankreich in den letzten Jahrzehnten eine noch massivere Deindustrialisierung erlebt hat als seine Nachbarn.

Heute erwirtschaftet die Industrie hier nicht mehr als 13,5 % des BIP, während es 19,3 % in der Eurozone, 19,6 % in Italien und 24,3 % in Deutschland sind. Und natürlich bringt das Probleme mit sich.

Anteil der Industrieproduktion (ohne Bau) am BIP

■ 1995
■ 2019

Deutschland	26%	24,3%
Italien	23,9%	19,6%
Eurozone	23,3%	19,3%
Spanien	21,3%	16,1%
Belgien	23,6%	16%
Frankreich	19,7%	13,5%
Vereinigtes Königreich	22%	13,4%

Quelle: Eurostat

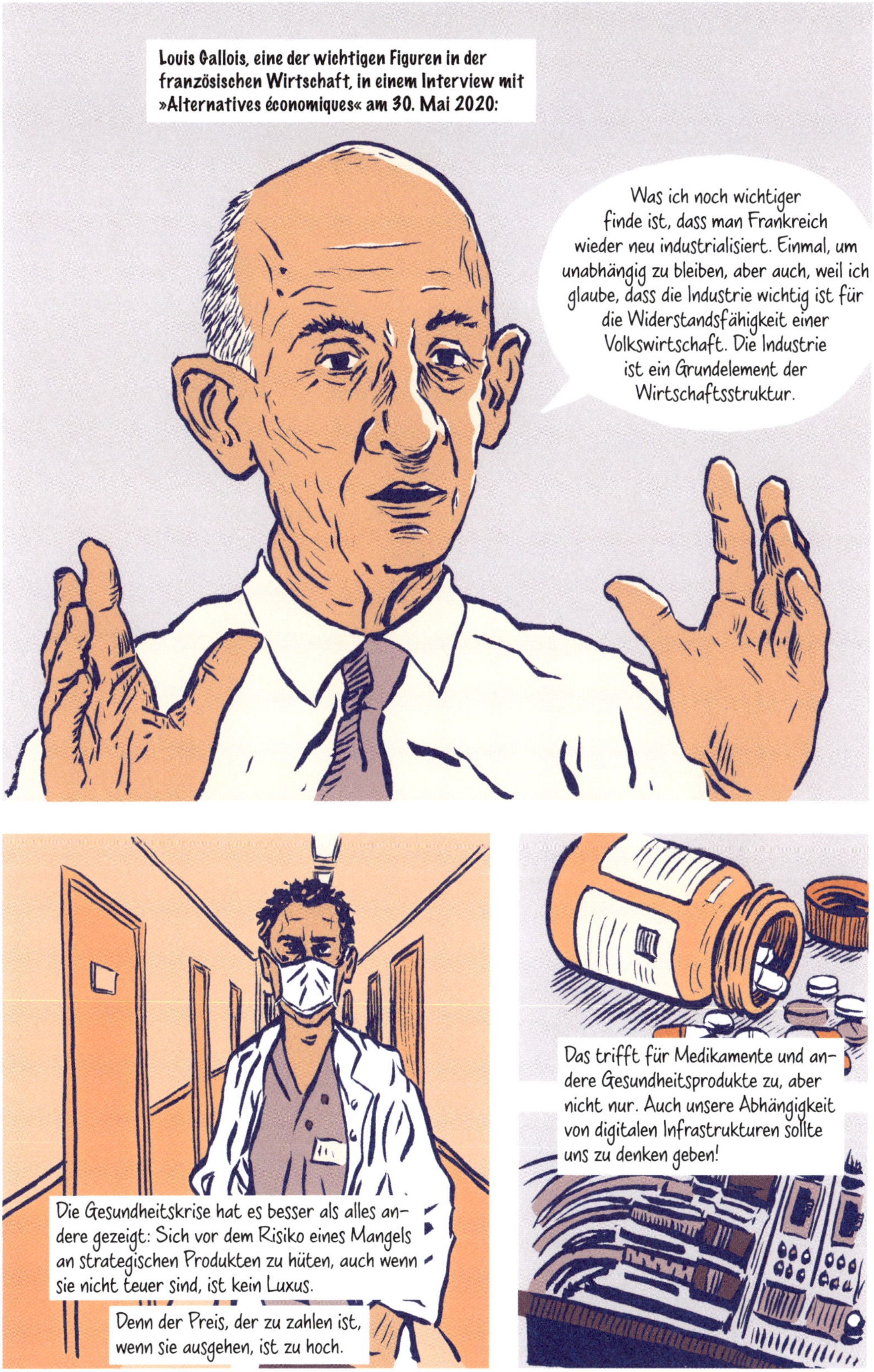

Louis Gallois, eine der wichtigen Figuren in der französischen Wirtschaft, in einem Interview mit »Alternatives économiques« am 30. Mai 2020:

Was ich noch wichtiger finde ist, dass man Frankreich wieder neu industrialisiert. Einmal, um unabhängig zu bleiben, aber auch, weil ich glaube, dass die Industrie wichtig ist für die Widerstandsfähigkeit einer Volkswirtschaft. Die Industrie ist ein Grundelement der Wirtschaftsstruktur.

Die Gesundheitskrise hat es besser als alles andere gezeigt: Sich vor dem Risiko eines Mangels an strategischen Produkten zu hüten, auch wenn sie nicht teuer sind, ist kein Luxus.

Denn der Preis, der zu zahlen ist, wenn sie ausgehen, ist zu hoch.

Das trifft für Medikamente und andere Gesundheitsprodukte zu, aber nicht nur. Auch unsere Abhängigkeit von digitalen Infrastrukturen sollte uns zu denken geben!

Aber auch abgesehen von lebenswichtigen Gütern ist es wert, darüber nachzudenken, ob nicht auch öffentliche Gelder für die Reindustrialisierung verwandt werden könnten, angesichts ihrer Auswirkungen auf die Beschäftigung, die Regionen und mögliche Innovationen.

Denn die Industrie zieht andere Sektoren nach, sie bezahlt besser bei geringen oder mittleren Qualifikationen, und ihre Aktivität ist überregional verteilt, im Unterschied zu vielen Dienstleistungen, die eher in den Metropolen konzentriert sind.

+20%

Nach der amtlichen Statistik hat ein ungelernter Arbeiter in der Automobilindustrie ein um 20 % höheres Bruttojahresgehalt als ein ungelernter Mitarbeiter in einem Restaurant.

Doch auch wo Reindustrialisierung gelingt, sind die Auswirkungen auf die Beschäftigung oft nur gering, weil die Unternehmen dazu tendieren, ihre Produktion zu automatisieren, um Lohnkosten zu sparen.

Das ist etwa der Fall bei dem Unternehmen Kusmi Tea: Um seine Produktion von Marokko nach Le Havre zurückzuholen, hat es erst einmal japanische Roboter für die Verpackung des Tees beschafft.

Oder bei Lucibel, einem Unternehmen, das auf professionelle LED-Leucht-körper spezialisiert ist. Damit es seine Montagebänder von China in die Normandie zu-rückbringen konnte, mussten erhebliche Anstrengungen unternommen werden, um die Montagezeiten durch den Einsatz von Robotern zu verringern.

Sprich:
Das ist auch kein
Wunderheilmittel
gegen Arbeits-
losigkeit.

Nein,
jedenfalls nicht direkt.
Doch man sollte die Folgeeffekte
auf andere Sektoren
nicht vergessen.

Die Vernichtung von
Industriearbeitsplätzen hat sich ja auf
andere Sektoren ausgewirkt. Es ist also zu erwarten, dass es solche Folgeeffekte auch gibt,
wenn neue Arbeitsplätze geschaffen werden.
Jedenfalls hat die Gesundheitskrise den
heilsamen Effekt gehabt, ...

... dass die Aufgabe des
Staats wieder in den Blick
geraten ist, unsere Souveränität zu
schützen, das Netz der Produktivität
instandzuhalten oder Innovationen
voranzubringen.

All dies muss nur noch
auf effiziente Weise in die Tat
umgesetzt werden.

Lässt sich der Finanzsektor bändigen?

Ein anderer Aspekt der Globalisierung, der weniger offenkundig ist als der Handel oder die Verlagerung von Produktionsstandorten, steht immer wieder unter Anklage: das Finanzwesen.

François Hollande, Rede in Le Bourget am 22. Januar 2012:

Ich will euch sagen, wer mein wirklicher Gegner ist [...]. Dieser Gegner ist die Finanzwelt.

Eine praktische Art, die Dinge im Wahlkampf darzustellen, aber eine, die den Cursor nicht unbedingt auf die richtige Stelle setzt.

Denn der Finanzsektor ist nützlich, wie uns der Wirtschaftswissenschaftler Anton Brender in seinem Buch »Face aux marchés, la politique« in Erinnerung ruft:

Er dient dazu, die Risiken, die mit der stets unsicheren Zukunft zu tun haben, aufzunehmen und sie so weiterzuverteilen, dass:

Die Sparer sparen und die Investoren investieren können, indem sie letzteren das Geld der ersteren zur Verfügung stellen.

Und indem sie zwischen beiden diejenigen ins Spiel bringen, die bereit sind, Risiken einzugehen, denen sich weder erstere noch letztere aussetzen wollen, und so mehr Aktivitäten ermöglichen, als es sie ohne sie gegeben hätte.

Auch auf internationalem Niveau sind Kapitalbewegungen sinnvoll, wenn sie es erlauben, Ersparnisse aus Ländern, die weniger ausgeben als sie verdienen, in Länder zu übertragen, die viel ausgeben können.

Wir brauchen aber auch Institutionen und Regeln, damit das Finanzwesen seine Rolle zum allgemeinen Nutzen spielt, ohne mehr Probleme zu schaffen, als es löst.

Denn wenn eine bestimmte Schwelle überschritten ist, bereitet die Entwicklung des Finanzsektors nicht mehr das Feld für produktive Tätigkeiten, sondern für Verschuldung und zu große Risiken.

Verschiedenen Studien zufolge ist dies der Fall, wenn das Kreditvolumen in einer Volkswirtschaft größer als das Bruttoinlandsprodukt (BIP) ist oder wenn die Finanzinstitute zu groß werden.

Und auf internationaler Ebene werden die Kapitalflüsse verhängnisvoll, wenn sie erhebliche Ungleichgewichte verstärken oder wenn es zu heftigen Fluktuationen kommt, etwa wenn die internationalen Anleger in ihrem Herdenverhalten plötzlich Angst bekommen und alle gleichzeitig ihre Einsätze zurückziehen.

Richtig ist, dass der Finanzsektor zu viel Gewicht bekommen hat, vor allem in den Vereinigten Staaten, wo auch die Ursachen der Weltfinanzkrise gebündelt waren. Und seine Verbindung mit der politischen Sphäre bedroht die Demokratie.

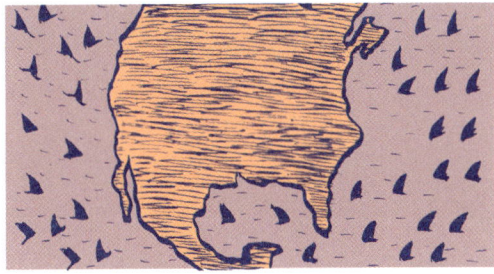

Davor warnt Simon Johnson, der ehemalige Chefökonom des Internationalen Währungsfonds in einem Artikel mit dem sprechenden Titel »Der stillschweigende Staatsstreich«, der 2009 in »The Atlantic« erschien.

Von 1973 bis 1985 hat der Finanzsektor nie mehr als 16 % der Profite aller Unternehmen [in den USA] erzielt. In den 1990er Jahren waren es zwischen 21 % und 30 %. In diesem Jahrzehnt [2000ff] waren es 41 %.

Der große Reichtum, den der Finanzsektor geschaffen und angehäuft hat, gibt den Bankern ein enormes politisches Gewicht.

Um Missbrauch zu begrenzen, wurde nach der Finanzkrise 2008/2009 ein neues internationales Regelwerk für Bankgeschäfte in Kraft gesetzt.

Das sind die sogenannten Basel III-Vereinbarungen, die die Banken zu besseren Vorkehrungen für den Fall von Turbulenzen verpflichten.

BITTE NITCHT FÜTTERN !

Denn Bankgeschäfte sind per Definition riskant. Um ihre Aktivitäten und die Einlagen ihrer Kunden zu schützen, müssen die Banken in der Lage sein, ihre Verluste aufzufangen, wenn zahlreiche Kreditnehmer gleichzeitig ihre Schulden nicht zurückzahlen können oder wenn die Anlagen der Banken sich als weniger rentabel als erwartet erweisen.

An dieser Stelle wird ihr Eigenkapital relevant.

Vereinfachte Bilanz einer Bank

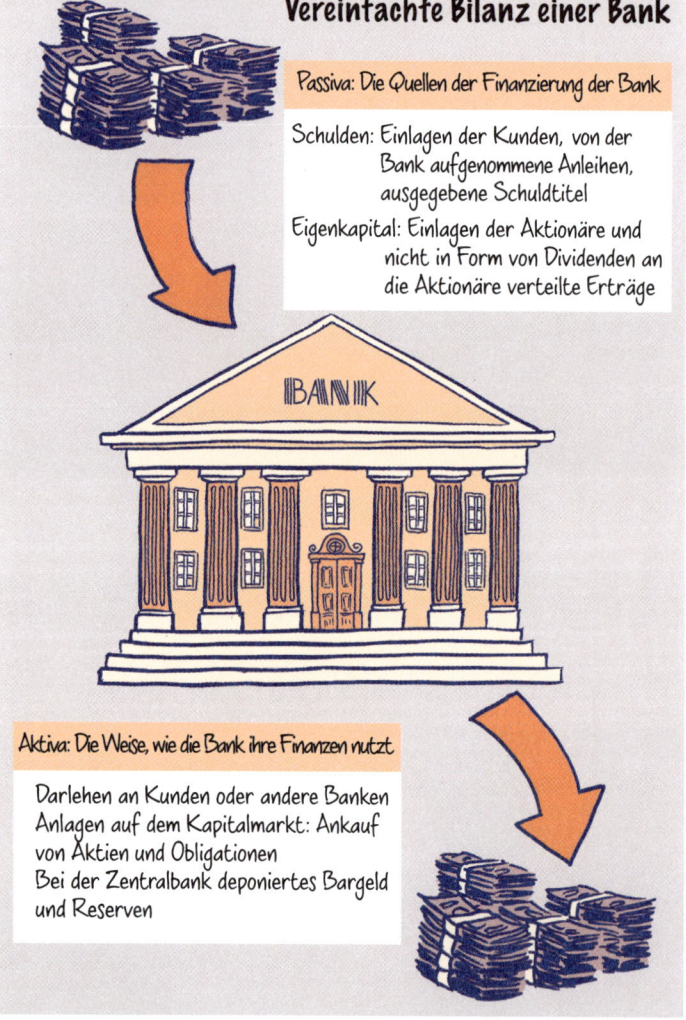

Passiva: Die Quellen der Finanzierung der Bank

Schulden: Einlagen der Kunden, von der Bank aufgenommene Anleihen, ausgegebene Schuldtitel

Eigenkapital: Einlagen der Aktionäre und nicht in Form von Dividenden an die Aktionäre verteilte Erträge

BANK

Aktiva: Die Weise, wie die Bank ihre Finanzen nutzt

Darlehen an Kunden oder andere Banken
Anlagen auf dem Kapitalmarkt: Ankauf von Aktien und Obligationen
Bei der Zentralbank deponiertes Bargeld und Reserven

Die Basel III-Vereinbarungen verpflichteten die nationalen Regulierungsinstanzen dazu, von den Banken eine Erhöhung des Mindestsatzes von Eigenmitteln zu verlangen.

Das heißt, sie brauchen mehr Geld, das ihnen selbst gehört, um gegen Rückschläge gefeit zu sein. 3 % Eigenmittel im Verhältnis zur Summe der Aktiva und weitere Anforderungen an die Eigenmittel, je nach dem mehr oder weniger risikobehafteten Charakter der Aktiva.

Mit Basel III wurden auch Anforderungen an die Liquidität der Banken eingeführt. Da sie langfristige Kredite vergeben, während sie sich mit kurzfristigen Mitteln finanzieren, müssen sie in der Tat dazu verpflichtet werden, dass sie auch im Fall von Schwierigkeiten jederzeit ihre Verpflichtungen hinsichtlich der Einlagen erfüllen können.

Aber reichen diese neuen Anforderungen aus, um die Banken gegen stürmische Verhältnisse zu wappnen?

Für Anat Admati, Professorin für Finanzwesen und Ökonomie an der Universität von Stanford und Martin Hellwig, Professor für Volkswirtschaft an der Universität Bonn, überhaupt nicht.

Es gibt keinen legitimen Grund dafür, dass die mit Basel III vorgeschlagenen Anforderungen so skandalös niedrig sind. Diese Anforderungen sind der Ausdruck des Einflusses der Banken auf die politische Diskussion.

Zu fordern, dass die Eigenmittel der Banken mindestens 20 % bis 30 % ihrer gesamten Aktiva betragen müssten, würde das Finanzsystem deutlich sicherer und gesünder machen.

Für sie ist dies das einzige Mittel, die Leichtfertigkeit der Banken zu begrenzen, ihre Tendenz, zu große Risiken einzugehen, weil sie wissen, dass im Notfall der Staat ihnen zu Hilfe kommen wird.

Wenn die Eigenmittel erhöht werden, bedeutet das eine Minderung der Einkünfte der Aktionäre, aber eine Begrenzung der Kosten für den Steuerzahler und die Gesellschaft.

Es bleibt aber das Problem der »Schattenbanken«, die großenteils für die Krise von 2008 verantwortlich waren. Das sind Finanzinstitute, die nicht den Status von Banken haben, aber wie Banken Kredite vergeben, vor allem solche, die kurzfristig finanziert sind, aber eine längere Laufzeit haben.

Das Problem ist, dass sie größere Risiken als die Banken eingehen, da sie nicht denselben Verpflichtungen der Absicherung unterliegen. Auf Drängen der G20 nach der Krise von 2008 sind sie jetzt besser eingehegt und kontrolliert als zuvor, sowohl indirekt durch die Vorgaben von Basel III, wenn sie Tochterfirmen von Banken sind, als auch direkt hinsichtlich bestimmter Aktivitäten.

Sie werden also etwas besser überwacht, doch es bleibt sehr schwierig, die Risiken zu evaluieren, die sie eingehen – und die sie bei Problemen andere zwingen werden einzugehen.

Wenn es um die Finanz-
wirtschaft und ihre Rolle
bei der Globalisierung
geht, denkt man aber
nicht bloß an die allzu
großen Risiken, die
die Banken
eingehen.

Die Globalisierung des
Finanzwesens ist auch
das Spielfeld großer
Unternehmen, die
sie nutzen, um keine
Steuern zahlen
zu müssen.

Das ist in der Tat ein großes
Problem, denn die multi-
nationalen Konzerne machen
einen zunehmenden Teil
ihrer Gewinne außerhalb
des Landes, in dem sie ihren
Sitz haben: Weltweit sind
das heute 18 % gegenüber
weniger als 5 % vor dem
Jahr 2000.

Da jede Tochtergesell-
schaft als eigenständige
Einheit gilt, kann ein
Multi versuchen, seine
Gewinne in dem Land
zu deklarieren, wo er
die wenigsten Steuern
darauf zu zahlen hat.
Normalerweise folgt die
Verteilung der Profite
zwischen den Filialen
präzisen Regeln, doch
diese können umgangen
werden, indem man die
Preise und die Natur der
Geschäfte zwischen den
Filialen entsprechend
zurechtbiegt, was umso
einfacher ist, als viele
Aktiva heute immateriell
sind: eine Marke, ein Pa-
tent, ein Algorithmus ...

1 So hat beispielsweise Google 2003 seine
Technologie für Internetsuche und gezielte
Werbung an seine Tochter Google Holdings
verkauft, die in Irland registriert ist, wo sie
als auf den Bermudas steuerpflichtig gilt.

2 Der Kaufpreis ist nie veröffentlicht worden,
doch die verfügbaren Informationen deuten
an, dass er sehr niedrig war im Verhältnis zum
wirklichen Wert. Danach konnte die Filiale
satte Gewinne einstreichen, indem sie anderen
Google-Firmen die Kosten für die Nutzung
dieser Technologie in Rechnung stellte.

3 Das Ergebnis: große Profite auf den Bermudas (fast 23 Milliarden
Dollar im Jahr 2017), und entsprechend weniger zu versteuernde
Profite in den anderen Ländern. Google hat zwischen 2007 und
2009 lediglich 2,4 % Steuern auf seine Gewinne in Europa gezahlt.

Die NGO Tax Justice Network schätzt, dass weltweit jährlich 1,4 Billionen Dollar an Profiten in Steueroasen transferiert werden, wodurch die Staaten 245 Milliarden an Steuereinnahmen verlieren.

Für Frankreich gibt es Schätzungen, die von entgangenen Einnahmen von 12 bis 16 Milliarden Euros ausgehen.

Aber das ist kein unausweichliches Schicksal.

Wie der Ökonom Gabriel Zucman betont:

Die Globalisierung hat unangenehme Probleme hinsichtlich der Besteuerung der multinationalen Unternehmen und der Reichen geschaffen, doch eine offene Weltwirtschaft verdammt uns nicht zu einer Welt, in der Steuerungerechtigkeit immer größer wird.

Die Steuerflucht ist seit den 1980er Jahren toleriert worden, aber technisch ist es ohne Weiteres möglich, gegen sie vorzugehen.

Seit Mitte 2012 versucht die OECD, die Regeln für die Besteuerung multinationaler Unternehmen zu überarbeiten. Die Steuern sollen dort erhoben werden, wo die Unternehmen sich betätigen und Wert schöpfen.

Das hat erlaubt, größere Transparenz herzustellen, und das ist wichtig; doch derzeit ist das noch alles.

Pascal Saint-Amans, Direktor des Zentrums für Steuerpolitik und -verwaltung der OECD.

G20

G20

G20

G20

OECD

Verträgt sich die Globalisierung mit Umweltschutz?

Für die Franzosen ist die Sache klar: 60 % von ihnen glauben, dass die Globalisierung inkompatibel ist mit dem Kampf gegen den Klimawandel.

Das ist nicht erstaunlich. Äpfel aus Chile, grüne Bohnen aus Kenia, Erdbeeren im Winter, Kürbisse im Frühjahr, argentinisches Rindfleisch, Lamm aus Neuseeland.

JANUAR

FEBRUAR

MÄRZ

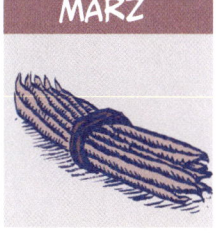

APRIL

MAI

JUNI

Von allem, von überall her, zu jeder Zeit, kann das vernünftig sein?

Und das Gewimmel in den riesigen Container-
häfen (die größten könnten fast 50 000 Autos
am Tag auf Schiffe laden!) ... Der Smog in
Peking, Djakarta oder Delhi ...

Gewiss ist
es nicht das,
was wir uns
erträumen.

Dennoch ...

Anderswo ist es
auch nicht besser,
und früher war es
das auch nicht.

Die Sowjetunion hat zum Beispiel
ihre Umwelt schrecklich schlecht
behandelt.

Was zählt also wirklich,
wenn wir Bilanz ziehen?

Zunächst einmal erfordert der Handel den Transport von Gütern. Das führt zu Umweltverschmutzung.

2017 war der internationale Transport auf den Meeren und in der Luft für die Emission von 1,2 Milliarden Tonnen CO_2 verantwortlich, das sind 3,3 % aller Emissionen durch Verbrennungsenergie weltweit.

Das ist etwas mehr als die Emissionen von Deutschland und Frankreich zusammen und ähnlich viel wie die von Japan.

Das ist erheblich, doch die auf den Gütertransport zurückgehende Umweltverschmutzung hängt keineswegs allein von der Entfernung ab. Für dieselbe Ware ist die Schadstoffemission pro Kilometer bei einem Ozeanfrachter 100mal geringer als bei einem Lieferwagen von weniger als 3,5 Tonnen.

Kurz, die Entfernung spielt eine Rolle, die Art des Transports, die Logistik des letzten Kilometers und die Weise, wie die Verbraucher zum Ort der Warenverteilung gelangen, spielen ebenfalls eine Rolle, oft sogar eine noch größere.

Zweite Feststellung: Der CO2-Fußabdruck Frankreichs, das heißt die Emissionen, die auf den Konsum seiner Bewohner zurückgehen, geht ungefähr zur Hälfte auf Importprodukte zurück, vor allem aus der EU und aus Asien.

Das ist gewaltig und doch nicht völlig überraschend, weil die Franzosen einen großen Teil der Produkte importieren, die sie konsumieren.

Die richtige Frage ist nun die: Wenn man statt zu importieren die meisten Produkte selbst herstellte, wäre dann die Umweltverschmutzung geringer?

Die Antwort ist nicht einfach. Zum Beispiel werden bei der Produktion von Erdbeeren in einem beheizten Treibhaus 7 mal mehr Schadstoffe abgegeben als bei der Produktion in einem ungeheizten Treibhaus; während der Transport aus Spanien die Umweltbilanz nur unwesentlich beeinflusst, etwa zu einem Zehntel der bei der Produktion selbst anfallenden Emissionen. Es ist also vor allem wichtig, dass sie nicht in einem geheizten Treibhaus produziert werden; ihre Herkunft zählt weit weniger.

Bei Aluminium, bei dessen Produktion viel Strom verbraucht wird, kommt es auf die Quelle der Elektrizität an. Der CO2-Fußabdruck wird gering sein, wenn es aus Russland importiert wird, wo der wichtigste Produzent zu 90 % Elektrizität aus Wasserkraftwerken verwendet und teilweise Atomenergie für den Rest. Er wird aber sehr groß sein, wenn das Aluminium aus China kommt, wo für seine Produktion zu 90 % Strom aus Kohlekraftwerken genutzt wird.

Die Art, wie produziert wird, spielt für die umweltbelastenden Emissionen oft eine größere Rolle als der Transport.

Um den Einfluss der Öffnung des Handels zu evaluieren, müssen wir drei Dinge bedenken:

Der Skaleneffekt:
Führt er zu einer Erhöhung der Produktion und des Konsums?
(wenn ja s. S. 214)

Der technologische Effekt:
Regt er die Entwicklung weniger umweltschädlicher Produktionstechniken an?
(eher ja – s. S. 215)

Der Effekt der Zusammensetzung der Produktion:
Wird die Produktion in Länder verlagert, wo sie weniger umweltschädlich ist?
(eher nein – s. S. 216)

Fangen wir mit dem Skaleneffekt an. Wir haben gesehen, dass die Auswirkungen der Globalisierung auf das Wirtschaftswachstum komplex sind, doch es steht fest, dass das schnelle Wirtschaftswachstum in den Schwellenländern die weltweiten Emissionen deutlich erhöht hat.

Also: Ja, der Skaleneffekt hat Auswirkungen auf die Umwelt.

Dann ist das Schrumpfen der Produktion die Lösung?

Auf individueller Ebene verlangt der Klimawandel eine gewissen Zurückhaltung.

Das gilt besonders für die hohen Einkommen, die in erheblich überproportionalem Maß für die Schadstoffemissionen verantwortlich sind.

Oxfam schätzt, dass zwischen 1990 und 2015 die zehn reichsten Prozent der Weltbevölkerung für 52 % der CO_2-Emissionen verantwortlich waren.

Trotzdem verlangt die Bevölkerung deutlich nach Kaufkraft.

Und die Entwicklung bleibt das Hauptanliegen vieler armer Länder. Das Prinzip eines Rechts auf wirtschaftliche Entwicklung ist übrigens schon 1992 in der Konvention von Rio festgeschrieben worden.
Ein Ende des Wachstums wäre also ein Schlag gegen die ärmsten Volkswirtschaften und die Bürger dieser Länder.

Der technologische Effekt ist deshalb wichtig, weil er es unumgänglich macht, weniger umweltschädliche Technologien zu entwickeln.

Die Öffnung der Märkte hilft dabei, indem sie ermöglicht, zum besten Preis die effektivsten Technologien zu erwerben. Vor allem aber stimuliert sie Innovationen.

Man kann diesen Effekt nicht beziffern, doch abgeschottete Länder schaffen keine wirklichen Innovationen.

Am Beispiel der Solarpanels lässt sich dieser stimulierende Effekt studieren, aber auch seine potenziell gefährlichen Wirkungen.

Ihre Anwendung in großem Maßstab hat zu Beginn der 2000er Jahre begonnen. Die wichtigsten Produzenten waren Amerikaner, Japaner und Deutsche, bevor China in kurzer Zeit zum Weltmarktführer aufstieg.

Dies führte zu Spannungen. Die USA und Europa fanden, dass die Chinesen zu Dumpingpreisen produzierten, also zu Niedrigpreisen, um die Konkurrenz aus dem Feld zu schlagen, und ihre eigene Industrie gefährdeten sowie mögliche Innovationen abwürgten.

Deshalb erließen sie neue Zollgesetze.

Dieser verbissene Konkurrenzkampf führte dazu, dass die Preise für Solarpanels zwischen 2000 und 2017 auf ein Zwanzigstel zurückgingen. Ohne die Kombination der Innovationen in den beteiligten Ländern wäre das nicht möglich gewesen.

Was nun den Effekt der Zusammensetzung der Produkte nach ihrer Herkunft betrifft, so haben wir bereits gesehen, dass dieselbe Produktion ganz verschiedene Auswirkungen auf die Umwelt haben kann, je nachdem, wo sie stattfindet.

Wenn ein Land etwas auf eine besonders umweltschädliche Weise produziert, wie China beim Aluminium, wäre es sinnvoll, dieses Produkt aus einem Land zu importieren, wo es auf sauberere Weise hergestellt wird.

Das Problem besteht aber darin, dass die Preise die Handelsströme bestimmen, und nicht die unterschiedlichen Schäden für die Umwelt. Außerdem ist bis jetzt noch nichts unternommen worden, um die jeweilige CO2-Belastung von Importen festzustellen.

Wenn der Staat zwingende Umweltauflagen macht, riskiert er, dass manche Unternehmen anderswo produzieren, wo es weniger Auflagen gibt.

Für den Fall einer Kohlendioxidsteuer zum Beispiel zeigen Studien, dass »Fluchteffekte« die Wirksamkeit der Reglementierung in den Industriestaaten um 5 bis 30 % vermindern würden und noch weitgehender, wenn eine noch ambitioniertere Politik verfolgt würde.

Manche Länder könnten sogar versucht sein, davon durch eine Strategie von Umweltdumping zu profitieren.

Um eine beherrschende Stellung beim Export von Seltenen Erden zu bekommen, haben die chinesischen Behörden ihre Augen vor den Umweltschäden bei ihrem Abbau verschlossen.

Und viele Entwicklungsländer haben Umweltschäden in erschreckendem Ausmaß für die Entwicklung ihrer Exportindustrie toleriert.

So kommt es, dass der Citarum, der nicht weit von Djakarta, der Hauptstadt Indonesiens, ins Meer fließt, einer der verseuchtesten Flüsse der Erde geworden ist: 1500 Textilfabriken leiten jeden Tag 280 Tonnen Giftabfälle hinein, unter anderem Cadmium, Blei und Kobalt.

Wenn es um land-
wirtschaftliche
Produkte geht, führt
die Entwicklung des
Exports oft zur
Ausbeutung neuer
Bodenflächen, was
Entwaldung be-
deuten kann, auch
die Vernichtung von
Urwäldern mit ihrem
unschätzbaren Wert
für die Biodiversität.
Das ist vor allem bei
Palmöl der Fall.

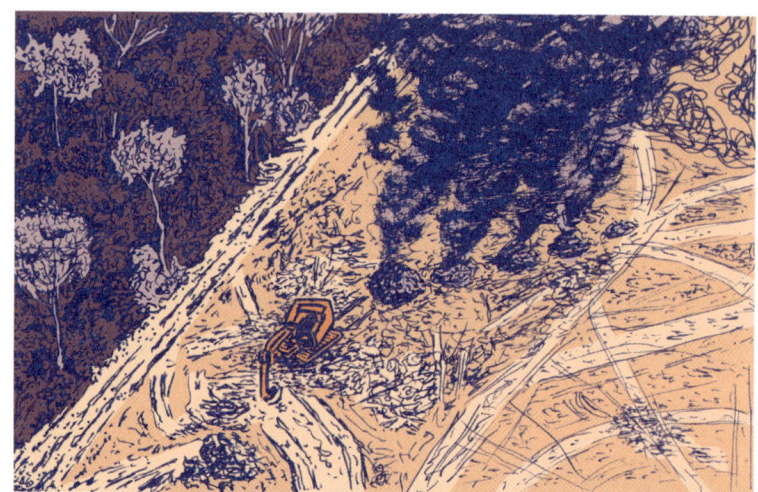

Seine zunehmende
Verwendung für die
Lebensmittelindustrie,
für Kosmetik und
Agro-Treibstoffe hat
zu einer Explosion der
weltweiten Produktion
geführt, von 1 Million
Tonnen zu Beginn der
1960er Jahre auf etwa
70 Millionen heute.
In Indonesien und
Malaysia sind 85 % der
Weltproduktion und
des Exports konzen-
triert.

So kommt es, dass
Ölpalmenplantagen
heute fast 6 Millionen
Hektor in Malaysia
bedecken (in etwa
die Fläche von
Niedersachsen) und
13 Millionen in Indo-
nesien (so groß war
in etwa die DDR).
Und 45 % der Fläche
für diese Plantagen
waren 1989 noch von
Wald bedeckt!

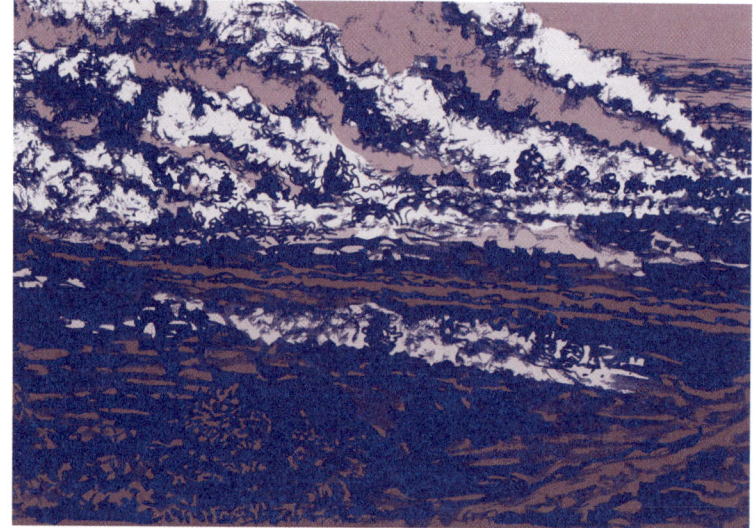

Ein ähnliches Problem haben wir in Brasilien, wo sich der Anbau von Soja immer weiter ausbreitet und heute bereits 35 Millionen Hektar beansprucht, was die Entwaldung Amazoniens nach sich zieht und die Zerstörung der Savanne des Cerrado.

Die Entwicklung der industriellen Agrikultur ist die Ursache für die Zerstörung von 40 % des Tropenwalds weltweit und von 70 % in Lateinamerika.

Der Zugang zum Weltmarkt bietet zuweilen überraschende Entwicklungsperspektiven für erfolgreiche Exporteure, was der lokalen Wirtschaft zugutekommt.

Das Problem ist aber oft, dass diese wirtschaftlichen Interessen einen enormen Wachstumsdruck ausüben, ohne dass es ähnlich starke Kräfte gibt, die die Umweltschäden begrenzen.

Und es ist nicht der Endverbraucher, der etwas daran ändern kann, wenn er Tausende von Kilometern entfernt lebt: Gewöhnlich hat er keine Ahnung, wie das, was er kauft produziert worden ist. Das gilt umso mehr, als es zwischen Produzent und Konsument oft eine Reihe von Zwischenakteuren gibt ...

Doch trotzdem ist nicht alles schlecht an diesem internationalen Einfluss.

Weil sie die Märkte der entwickeltsten Länder erreichen wollen, akzeptieren die Exportnationen der ganzen Welt deren Normen, oft sogar für ihre gesamte Produktion.

As die Europäische Union zum Beispiel die Verwendung von sechs gefährlichen Substanzen (Blei, Quecksilber, Cadmium u.a.) in elektrischen und elektronischen Geräten drastisch beschränkt hat, haben sich dem alle großen Hersteller der Welt angepasst.

Alles in allem kann die Globalisierung zum Schlimmsten wie zum Besten dienen: Sie führt zu einem immer niedrigeren Niveau des Umweltschutzes durch den Wettlauf nach Absatzmärkten, sie kann aber auch das Niveau heben, wenn sie ermöglicht, weniger umweltschädliche Technologien oder ökologischere Produktionsnormen zu verbreiten.

Ist die Globalisierung der Nährboden für Populismus?

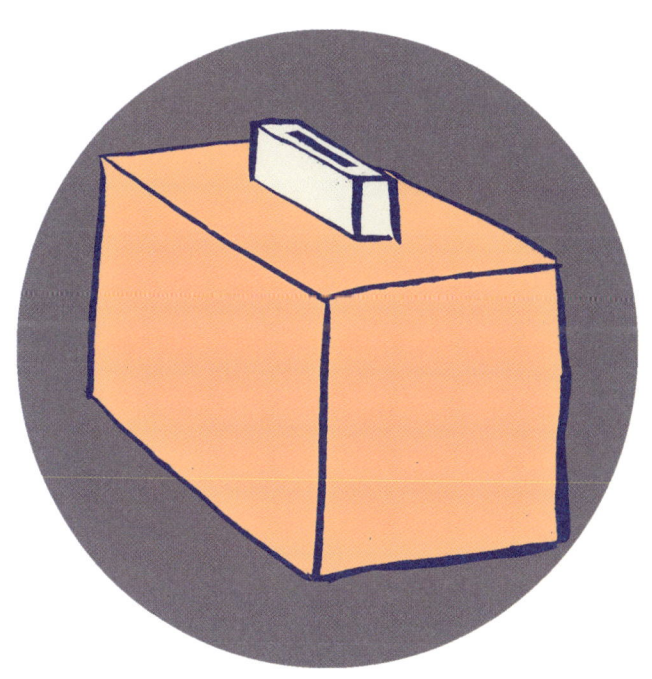

Bei allem bisher Gesagten wird eine dunkle Seite der Globalisierung recht deutlich.

Wie soll man die Kritik, die Proteste und ... Wählerstimmen eines Teils der Bevölkerung erklären? Ist es so, dass ihm die vorherrschenden liberaleren Einstellungen fremd geworden sind – oder handelt es sich um den Ausdruck der Unzufriedenheit der Abgehängten der Globalisierung?

Böse Jungs und wütendes Gesindel

Für den Ökonomen Dani Rodrik, Professor in Harvard, sind die steigenden Zahlen von Wählerstimmen für Populisten vor allem wirtschaftlich motiviert.

Er sieht zwar auch die kulturellen Ursachen, doch für ihn gilt:

Die Globalisierung, die Finanzkrisen und die Austeritätspolitik haben auch latente soziokulturelle Bruch-linien offenkundig gemacht.

Die ökonomischen Schockwellen haben die kulturellen Differenzen verschärft und damit autoritären Populisten den Schub gegeben, den sie brauchten.

Und an Schub hat es nicht gefehlt!

In den USA, so vermuten Forscher, hätten die Demokraten 2016 nicht Pennsylvania, Wisconsin und Michigan verloren, wenn die Zunahme der chinesischen Konkurrenz zwischen 2002 und 2014 nur halb so groß gewesen wäre, – und Hillary Clinton hätte ins Weiße Haus einziehen können.

In Frankreich ist der Stimmenanteil des Rassemblement National in den Wahlbezirken gestiegen, wo zwischen 1995 und 2012 die Importe aus Billiglohnländern besonders stark gestiegen sind. Dasselbe gilt für den Brexit und zum Beispiel auch für den Erfolg der AfD in Deutschland.

Doch für Yotam Margalit, einen Politologen von der Universität Tel Aviv, zeigt das lediglich, dass die wirtschaftlichen Faktoren als so etwas wie die »Zündfunken« dafür gewirkt haben, dass die Wahlresultate sich auf einmal zugunsten von Trump, Brexit oder Marine Le Pen geändert haben. Doch es erklärt für ihn nicht, warum eine große Zahl von Wählern populistische Kandidaten wählen. Dabei spielten soziokulturelle Faktoren die entscheidende Rolle.

Die gesellschaftlichen Veränderungen seit den 1970er Jahren (der verbesserte Zugang zu höherer Bildung, die wachsende ethnische Diversität, die Urbanisierung, die Angleichung der Rollen von Männern und Frauen) haben zu einer größeren Akzeptanz für unterschiedliche Lebensentwürfe, Religionen und Kulturen geführt.

Diese Veränderungen und die Wahrnehmung, dass traditionelle Werte verloren gehen, hat in den Teilen der Bevölkerung der westlichen Länder Ressentiments geschürt, vor allem bei weißen Männern, bei älteren Menschen, bei Konservativen und weniger Qualifizierten.

Diese Diskussion über die kulturellen oder wirtschaftlichen Hintergründe für den Aufstieg populistischer Parteien ist noch ziemlich neu und nicht beendet.

Vielleicht ist sie genauso überflüssig wie die Unterscheidung, ob etwas dem technischen Fortschritt oder der Globalisierung geschuldet ist.

Denn hier wie da lässt sich feststellen, dass beide Erklärungen eng miteinander verwoben sind.

Wie auch immer: Selbst wenn die Globalisierung nicht die alleinige Ursache für den Aufstieg des Populismus ist, so hat sie doch dazu beigetragen. Denn was das Pulver entzündet, ist der Funke!

Das sollte uns daran erinnern, dass in einer Demokratie die Verluste, die einige Menschen erleiden, sich auf das Ganze auswirken können.

Aus diesem Grund übrigens setzt sich Dani Rodrik nach dem Vorbild von Roosevelts New Deal hierfür ein:

Es gibt Momente, in denen wirtschaftlicher Populismus das einzige Mittel sein kann, mit seinem ziemlich beunruhigenden Vetter, dem politischen Populismus, fertigzuwerden.

Deshalb können wir uns auch fragen, ob wir auf dem Weg der Globalisierung fortfahren sollten. Denn die politische Rechnung ist allemal gesalzen!

Sollen wir das Kind mit dem Bade ausschütten?

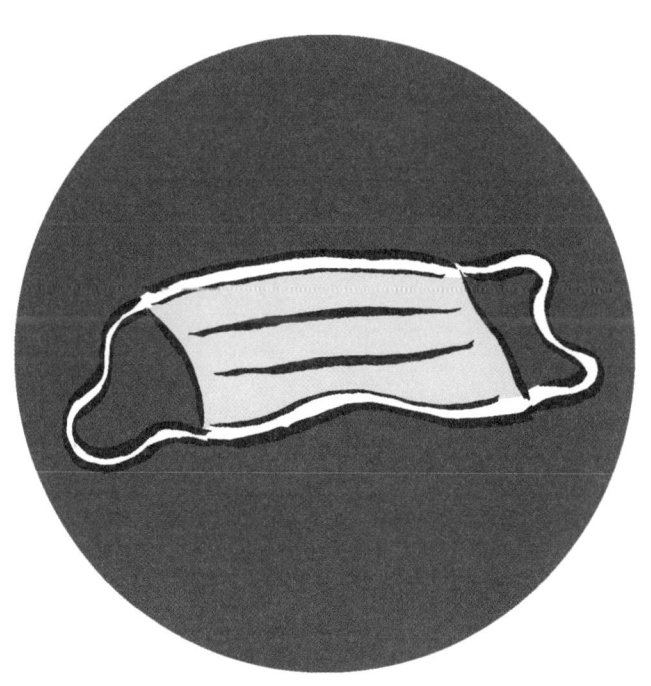

Die erste gute Nachricht: Die gegenwärtige Lage ist deutlich anders als die vor der Finanzkrise von 2008. Vor allem seit der Gesundheitskrise.

Nach der Hyper-globalisierung der 1990er und 2000er Jahre ist ein »Slowball-Effekt« eingetreten: eine neue Phase, in der die Dynamik des Handels und der Kapitalflüsse stagniert.

SLOWBALL-EFFEKT

Nicht nur, weil auf die Finanzkrise eine Wirtschaftskrise gefolgt ist, sondern auch, weil Handel und Kapitalflüsse nicht wieder so ungebremst gewachsen sind wie während der 1990er und vor allem der 2000er Jahre.

Seit 2011 entspricht das Wachstum des Welthandels im Großen und Ganzen dem der Einkommen (gemessen in BIPs), während es vor der Krise durchschnittlich doppelt so schnell verlief.

Zunahme des Welthandels:

20% 23% 29% 26%

Zunahme der Finanzflüsse: | 1995 | 2000 | 2007 | 2016 |

Die Vermehrung der internationalen Ka-pitalflüsse ist deutlich geringer als die des BIP, sodass die weltweiten Finanzgeschäfte wieder in der Größenordnung von vor den 2000er Jahren wachsen, nämlich um 5 % des weltweiten BIP, während es am Vorabend der Finanz-krise 20 % waren!

22,6%

10,6%

4,4%

4,7%

Quelle: Berechnungen von S. Jean auf der Grundlage der Zahlen von CEP II (für den Handel).
Berechnungen von I. Bensidoun und J. Couppey-Soubeyran auf der Grundlage der Zahlen des IWF (für das Finanzwesen)

Sind wir also in eine Phase der Deglobalisierung eingetreten?

Eher sind wir ans Ende einer außergewöhnlichen Periode gelangt.

Ans Ende der 2. Folge der 2. Staffel, also ebendieser 15 oder 20 Jahre, die der Welt-Finanzkrise vorangegangen sind.

Wichtig ist dabei auch, dass die geopolitische Lage unsicherer und angespannter wird, weil die Vereinigten Staaten weniger dominant sind und sich allmählich eine strategische Konkurrenz zwischen ihnen und China aufbaut. Die Ausweitung des Handels wird auf einmal auch als Abhängigkeit, als etwas Zerbrechliches, angesehen.

Die Dynamik der Globalisierung ist von den Reaktionen auf ihr Übermaß eingeholt worden. Die Rückkehr der politischen Intervention, von der wir bereits gesprochen haben, führt viele Länder dazu, gegenüber einer weiteren Öffnung misstrauisch zu sein.

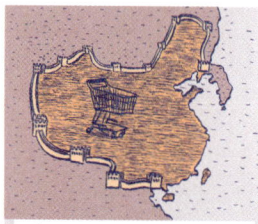

China konzentriert sich wieder auf seinen Binnenmarkt.

Im Finanzsektor erkennt sogar der IWF inzwischen den Nutzen einer Kontrolle der Kapitalbewegungen in bestimmten Situationen an.

Die internationale Aufteilung der Produktionsprozesse (die Wertschöpfungsketten) stabilisiert sich.

Das war auch die Hauptmotivation von Donald Trump für seinen Handelskrieg mit China: zu vermeiden, von China auf entscheidenden Gebieten abhängig zu werden und es daran zu hindern, die USA zu überholen.

Kurz, die Finanzkrise von 2008 hat unseren Blick auf die Globalisierung, insbesondere ihre Dynamik, gründlich verändert.

Und wie alle größeren Krisen wird sicherlich auch Covid-19 dauerhafte Spuren hinterlassen.

Und zwar aus mehreren Gründen.

Die Pandemie hat ein Risiko sichtbar gemacht, das viele gar nicht wahrhaben wollten. Nun verlangen die Bürger mehr Schutz durch den Staat. Und den haben sie in allen Ländern, die dazu in der Lage waren, auch erhalten, etwa durch die Zahlung der Kosten von Kurzarbeit und Arbeitslosigkeit oder durch Coronahilfen für Unternehmen. Und es ist gut möglich, dass dies in anderen Formen weitergeht.

Sie hat auch ein Stück weit zu weltpolitischen Spannungen beigetragen, vor allem zwischen den USA und China.

Auch haben die Engpässe bei der Lieferung von Masken oder Reagenzien für Tests offengelegt, wie groß die Abhängigkeiten durch die Globalisierung geworden sind. Sogar die Unternehmen sehen vielleicht die Vorteile und Nachteile der weltweiten Lieferketten nach einer solchen Krise in einem anderen Licht. Für alle kann diese Episode auch das Bewusstsein für die katastrophalen Risiken des Klimawandels erhöhen.

Sie hat das Wirtschaftswachstum empfindlich getroffen, was zu einem Anstieg der Arbeitslosigkeit und vermehrter Verschuldung geführt hat. Dies kann einen langfristigen Rückgang der Nachfrage nach sich ziehen, was wiederum die einzelnen Länder dazu bringen kann, ihren Markt mehr zu schützen.

JOBCENTER

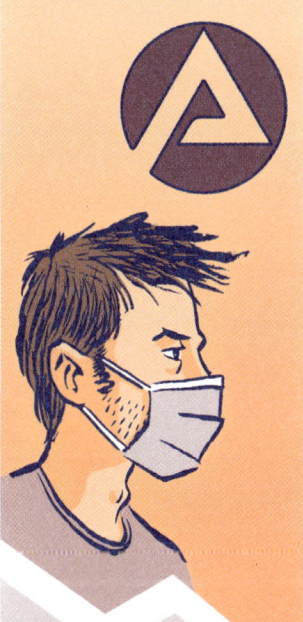

Sie hat auch die Digitalisierung der Volkswirtschaften vorangebracht und das Home Office zu einem gängigen Arbeitsplatz gemacht. Die Macht der Internetkonzerne ist dadurch noch weiter gewachsen, und es könnte in Zukunft bedeuten, dass viele Tätigkeiten nicht mehr im Büro geleistet werden.

Kurz, es handelt sich um einen tiefgreifen-
den Wandel, der Spannungen verschärft,
Veränderungen beschleunigt und Unsicher-
heiten verschärft.

Wir treten in eine neue Ära der Globalisierung
ein, eine 3. Staffel, deren wesentliche Handlungs-
elemente wir kennen, deren Drehbuch aber noch
lange nicht geschrieben ist.

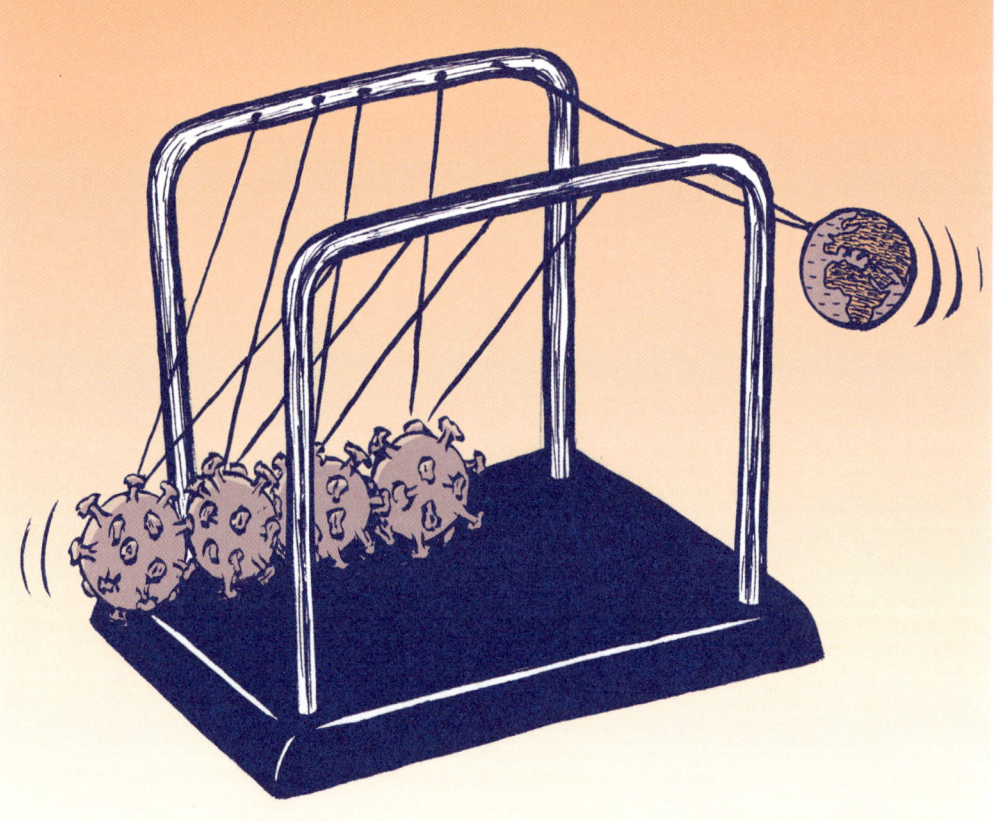

Unter bestimmten Aspekten wäre es in der
Tat sinnvoll, die wechselseitigen Abhängigkeiten zu reduzieren, um auf die Schutz-
bedürfnisse der Bevölkerung zu antworten.

Sodass der Staat sicherstellt, dass er in
der Lage ist, seine Bürger zu ernähren,
zu schützen und medizinisch zu versorgen,
ohne dass dies allzu sehr von den Handels-
partnern abhängt.

Vor allem hat die Intensität der wechselseitigen Abhängigkeiten bereits heute eine globale Schicksalsgemeinschaft geschaffen, in Hinblick auf den Frieden, den Schutz des Klimas und der Biodiversität, auf die Besteuerung und den Umgang mit den multinationalen Konzernen ...

Es ist deshalb absolut notwendig, sich international zu verständigen.

Aber Sie haben doch gerade erst erklärt, wie viele Hindernisse dem im Weg stehen. Was sollen wir also tun? Müssen wir alles hinnehmen?

Die wechselseitigen Abhängigkeiten wird es auch weiterhin geben. Doch man kann sie anders organisieren.

Die heutige Globalisierung ist vor allem durch Regeln strukturiert, die aufgestellt worden sind, um den Handel und die Finanzgeschäfte zu erleichtern – alles andere wurde dem untergeordnet.

Doch die Hierarchie könnte umgedreht werden.

Zum Beispiel, wenn wir den Kampf gegen den Klimawandel für prioritär erklären. Dass er es rechtfertigt, Maßnahmen zu ergreifen, die den Warenaustausch begrenzen, etwa eine CO_2-Abgabe an den Grenzen.

Oder indem wir es für eine Sache von großer Wichtigkeit erklären, dass die Multis ihren gerechten Beitrag zu den Staatsfinanzen leisten.

Wir sollten auch ein Modell entwickeln, wie wir die Arbeit mehr belohnen als Profite und Schulden-machen.

Ein Modell, in dem die wirtschaftliche Agenda nicht mehr wesentlich auf die Wettbewerbsfähigkeit und die Interessen der Aktienbesitzer ausgerichtet ist, sondern ins Gleichgewicht mit den Interessen der Arbeitnehmer gebracht ist.

Anderenfalls müssen wir uns nicht wundern, wenn wir es wieder mit einem instabilen Finanzsektor zu tun haben oder mit Demagogen, die wissen, wie sie die Abgehängten der Globalisierung hinter sich scharen können.

Zur Zeit verzögert die von den Zentralbanken unterstützte massive Staatsverschuldung zur Begrenzung der wirtschaftlichen Folgen der Pandemie zweifellos den Zeitpunkt, zu dem wir den Hebel wieder zugunsten der Arbeit und ihrer Entlohnung umlegen können. Denn noch ist das Gleichgewicht hier zugunsten des Kapitals verzerrt.

Davon zeugt die unverschämte Gesundheit der Börsen, während die Realwirtschaft am Boden liegt.

Doch noch fehlt das öffentliche Bewusstsein und der politische Wille dafür, den Arbeitnehmern wieder einen angemessenen Anteil am Reichtum der Gesellschaft zu verschaffen.

Aber eine der großen Lehren aus der Gesundheitskrise ist die, dass radikale Entscheidungen, wie sie gestern noch unmöglich erschienen waren, auf einmal sehr schnell getroffen werden konnten.

Die Globalisierung hat die Macht der Staaten
nicht aufgelöst. Sie hat vielmehr eine Reihe
von ihnen weniger empfänglich für die herr-
schende Laisser-faire-Ideologie gemacht.

Und nichts hindert die
Phantasie daran, wieder
an die Macht zu kommen!

Vielleicht wird es am Anfang der
3. Staffel auch darum gehen?

Zurück
zu den Quellen

1. Teil

Alle im selben Boot

S. 21: Die Franzosen und die Globalisierung, Meinungsumfrage von OpinionWay für Printemps de l'économie: https://drive.google.com/file/d/1H hGehZNY2Z3NDbU9Ax4hhMP50UZBsmhy/view.

S. 23–36: Die Zahlen zum Importanteil der Konsumgüter in Frankreich beziehen sich auf das Jahr 2015 und sind entnommen aus: Alexandre Bourgeois und Antonin Briand, »Le "made in France": 81 % de la consommation totale des ménages, mais 36 % seulement de celle des biens manufacturés«, in: Insee Première, n° 1756, Juni 2019, oder aus Berechnungen auf der Grundlage der in dieser Publikation veröffentlichten Daten. Die deutschen Vergleichszahlen finden sich beim statistischen Bundesamt: https://www.destatis.de/EN/Themes/Economy/Globalisation-Indicators/foreign-trade.html

S. 29: Die Zahlen zum Ursprung der Produktion der Armor-Lux-Produkte sind von »Arrêt sur images« enthüllt worden, s. z. B. https://www.huffingtonpost.fr/2012/10/23/parisien-une-montebourg-mariniere-armor-lux-magazine_n_2004334.html.

S. 46: Die Zahlen der Zulieferer bei Renault: Renault, Document de référence 2018, 2019, S. 9. Für den Anteil der Zulieferer an den Gestehungskosten stammt die Zahl von der Fédération des industries des équipements pour véhicules, www.fiev.fr.

S. 50 »… dass etwa ein Drittel des Werts von in Frankreich produzierten Fahrzeugen auf importierte Teile, Komponenten und Dienstleistungen entfällt«: Die Zahl geht aus Berechnungen auf der Grundlage der Datenbasis TiVA hervor: https://www.oecd.org/fr/industrie/ind/mesurerlecommerceenvaleurajoutee.htm.

S. 52-53: Zahlen der französischen Autobauer für 2018: Comité des constructeurs français d'automobiles, *L'industrie automobile française. Analyse et statistiques 2019*, 2019.

S. 59–64: Zu den Zahlen der Export- und Importorientierung von Unternehmen und der Rolle der multinationalen Gesellschaften: *Les entreprises en France*, Ausgabe 2019, *Insee Références*, Dezember 2019.

S. 60: Zur Beteiligung mittelständischer Unternehmen an den deutschen Exporten s.: https://www.ifm-bonn.org/en/statistics/mittelstand-themes/auslandsaktivitaeten ifm

S. 64: Zum Gesamtwert der ausländischen Direktinvestitionen in Frankreich s.: OECD, https://data.oecd. org/fdi/fdi-stocks.htm. Zum ausländischen Aktienbesitz in Deutschland s.: https://www.ey.com/de_de/news/2019/06/immer-mehr-dax-aktien-in-auslaendischer-hand

S. 66: Zu den Erträgen aus Auslandsinvestitionen: Charlotte Emlinger, Sébastien Jean und Vincent Vicard, »L'étonnante atonie des exportations françaises: retour sur la compétitivité et ses déterminants«, in: *CEPII Policy Brief*, n° 24, 2019, CEPII, auf der Grundlage der Daten von Eurostat.

S. 66: Zur Nationalität der Unternehmens-vorstände s.: Pierre-Yves Gomez und Simon Rossi, »Les grandes entreprises sont-elles (encore) françaises?«, *Preuves à l'appui*, n° 6, März 2018.

S. 69: Zum Anteil der von Ausländern gehaltenen Börsenkapitalisierung der 40 führenden französischen AGs s.: Christophe Guette-Khiter, »La détention par les non-résidents des actions des sociétés françaises du CAC 40 à la fin de l'année 2018«, in: *Bulletin de la Banque de France*, n° 225, /7, Banque de France, 2019.

S. 69-70: Zur Zusammensetzung des Kapitals s.: Total, *Rapport annuel*, S. 269, 2020; Danone, *Rapport annuel*, S. 304, 2020; Pernod Ricard, *Rapport annuel*, S. 117, 2020. Zu Daimler s.: https://www.daimler.com/investors/share/shareholder-structure/

S. 70: Zu den von Blackrock gehaltenen Unternehmensanteilen s. Bloomberg

S. 71: Zur Finanzierung des Staats s.: Agence France Trésor, https://www.aft.gouv.fr/fr/principaux-chiffres-dette#detention.

S. 73: Zu den Bilanzen der französischen Banken s.: ACPR, »Chiffres du marché français de la banque et de l'assurance 2018«, Oktober 2019, S. 9.

S. 73: Zur Abwertung des Renminbi und dem Börsensturz in Europa s. z.B.: Dave Shellock, »Fresh fall for renminbi rattles investors«, in: *Financial Times*, 12. 8. 2015.

S. 78: Zu den Anteilen der ausländischen Besucher der wichtigsten französischen Touristenattraktionen s.: Ministère de la Culture, https://www.culture.gouv.fr/Sites-thema- tiques/Etudes-et-statistiques/Statistiques-cultu- relles/Donnees-statistiques-par-domaine_Cultu- ral-statistics-databases/Tourisme-et-culture;

zur Herkunft der internationalen Touristen s.: Enquête auprès des visiteurs venant de l'étranger (EVE) réalisée par la Direction générale des entreprises et la Banque de France.

S. 79: Zu den auf den internationalen Tourismus zurückgehenden Einnahmen und den Ausgaben der chinesischen Touristen s.: Organisation mondiale du tourisme et Direction générale des entreprises, chiffres-clés du tourisme, Ausgabe 2018.

S. 80: Zu Personen, die nicht in ihrem Herkunfts- land leben s.: Weltbank, Indikatoren der welt- weiten Entwicklung.

S. 82: Zum Anteil der Immigranten in Frankreich s.: Insee, recensement de la population 2016.

S. 83: Zu den Zahlen über den Rang Frankreichs bei der Ausbildung ausländischer Studenten s.: Project Atlas, 2017.

<u>2. Teil</u>

Es war einmal die Globalisierung

S. 92: Karl Polanyi, *The Great Transformation. Politische und ökonomische Ursprünge von Gesellschaften und Wirtschaftssystemen*, 8. Auflage, Suhrkamp, Frankfurt 1973

S. 93: Zu den Zahlen über die Atlantiküber- querung s.: Maurice Zimmermann, »Les traversées à vapeur d'Europe aux États-Unis«, in: *Annales de géographie*, n° 50, 1901, S. 183–185.

S. 94: Die Zitate von Richard Cobden sind entnommen aus: Cheryl Schonhardt-Bailey, *From the Corn Laws to Free Trade*, The MIT Press 2006, S. 102 (unsere Übersetzung).

S. 96: Die Zahlen stammen aus: Michel Fouquin und Jules Hugot, »Two Centuries of Bilateral Trade and Gravity Data: 1827-2014«, Arbeitsdokument des CEPII, 2016. S. auch Michel Fouquin, Jules

Hugot und Sébastien Jean, »Une brève histoire des mondialisations commerciales«, in: *L'Économie mondiale 2017*, coll. »Repères«, La Découverte und www.cepii.fr, 2016.

S. 100: Die Robert Mundell in den Mund gelegten Ausführungen sind keine Zitate.

S. 101: Zur Auswanderung s.: Herbert Feis, *Europe: The World's Banker*, 1870–1914, Yale University Press, 1930 (Einleitung S. $\overline{X}$).

S. 102: Die Angaben zu den Migrantenzahlen stammen aus: Imre Ferenczi und Walter F. Willcox (1929) und wurden wieder aufgenommen in: Timothy J. Hatton und Jeffrey G. Williamson, *The Age of Mass Migration*, Oxford University Press 1998.

S. 102: Das Montesquieu-Zitat stammt aus: *De l'esprit des lois* (1748), Buch XX̄, 2 Kap.

S. 116: Die Ausführungen von Michel Aglietta sind inspiriert von seinem Artikel: »Capitalisme: les mutations d'un système de pouvoirs«, in: *L'Économie mondiale 2018,* coll. »Repères«, La Découverte und www.cepii.fr, 2017.

S. 118–119: Die Zitate sind entnommen aus: »Le consensus de Paris«, in: *Critique internationale*, n° 28, 2005; und: R. Abdelal, *Capital Rules*, Harvard University Press 2010.

S. 121: Die Zahlen zu den Schutzzöllen und der Zahl der Mitglieder des GATT sind entnommen aus: Houssein Guimbard, »Droits de douane. Une baisse considérable«, sowie Isabelle Bensidoun und Jézabel Couppey-Soubeyran (dir.), *Carnets graphiques, L'économie mondiale dévoile ses courbes*, CEPII 2018, S. 44.

S. 122: Die Kosten für die internationale telefonische Kommunikation sind berechnet worden nach den Angaben in: Tibor Berend, *Histoire économique de l'Europe du XXe siècle*, De Boeck 2008, S. 250.

S. 141: Die Zahlen stammen aus: Cristina Mitaritonna, »Accords commerciaux régionaux. Un nombre croissant et un contenu toujours plus large«, in: Carnets graphiques, *L'économie mondiale dévoile ses courbes*, CEPII 2018, S. 48.

S. 142: Isabelle Bensidoun und Jézabel Couppey-Soubeyran, »Globalisation financière. Après l'exubérance, un reflux des forces déstabilisatrices«, in: *Carnets graphiques, L'économie mondiale dévoile ses courbes*, CEPII 2018, S. 16.

S. 147–150: Die Dialoge sind inspiriert von: Anton Brender und Florence Pisani, *La Crise de la finance globalisée*, coll. »Repères«, La Découverte 2009.

<u>3. Teil</u>

Das große Misstrauen

S. 162: Die auf David Ricardo zurückgehenden Ausführungen sind keine Zitate.

S. 163: Unsere Übersetzungen der Zitate aus S. 29 von: Commission on Growth and Development, *The Growth Report: Strategies for Sustained Growth and Inclusive Development*, Michael Spence (dir.), Weltbank 2008.

S. 166: Die Ziffern zur extremen Armut sind Schätzungen der Weltbank: http://iresearch. worldbank.org/PovcalNet/povDuplicateWB.aspx.

S. 172: Die Angaben zu den durch Importe aus Niedriglohnländern ermöglichten Einsparungen der Haushalte sind entnommen aus: Juan Carluccio, Erwan Gautier und Sophie Guilloux-Nefussi, »Impact des importations des pays à bas salaire sur l'inflation française«, document de travail n° 672, Banque de France 2018; https://blocnotesdeleco.banque- france.fr/billet-de-blog/importations-des-pays-bas- salaire-quels-gains-pour-les-menages. Die Zahl zur Kostensenkung bei französischen Produkten durch den Import von Teilen davon ist entnommen aus: Joaquin Blaum, Claire Lelarge und Michael Peters, »The Gains from Input Trade with Heterogeneous Importierst«, in: *American Economic Journal: Macroeconomics*, vol. 10, n° 4, S. 77-127, Okt. 2018; https://publications.banque-france.fr/sites/default/files/medias/documents/document-de-tra- vail-612_2016-12-19.pdf.

S. 173: Die auf Paul Samuelson zurückgehenden Ausführungen sind keine Zitate.

S. 174: Paul R. Krugman, *La mondialisation n'est pas coupable*, La Découverte 1998.

S. 175: Paul R. Krugman, »Globalization: What Did We Miss?«, in: Luis A. V. Catão et Maurice Obstfeld, *Meeting Globalization's Challenges: Policies to Make Trade Work for All*, Princeton University Press 2019, S. 113-120.

S. 175–176: Die Angaben zu den Auswirkungen der Importe aus China auf Beschäftigung und Löhne in den USA stammen aus: David H. Autor, David Dorn und Gordon H. Hanson, »The China Syndrome: Local Labor Market Effects of Import Competition in the United States«, in: *American Economic Review*, vol. 103, n° 6, Oktober 2013, S. 2121-2168.

S. 176–177 und 181-182: Die Angaben zu den Auswirkungen der Importe aus China auf Beschäftigung und Löhne in Frankreich sind entnommen aus: Clément Malgouyres, »The Impact of Chinese Import Competition on the Local Structure of Employment and Wages: Evidence from France«, in: *Journal of Regional Science*, vol. 57, n° 3, 2017, S. 411-441.

S. 180: Die Angaben über Denain stammen von Insee: https://www.insee.fr/fr/statistiques/2011101?geo=COM-59172.

S. 188: Zur steigenden Ungleichheit der Einkommen in Deutschland s.: WSI-Verteilungsbericht 2019: https://www.econstor.eu/bitstream/10419/225416/1/wsi-report-53.pdf

S. 187: Zur Entwicklung der Besteuerung der Arbeitseinkommen s.: Peter H. Egger, Sergey Nigai und Nora M. Strecker, »The Taxing Deed of Globalization«, *American Economic Review*, vol. 109, n° 2, 2019, S. 353-390.

S. 201: Der zitierte Artikel ist: Simon Johnson, »The Quiet Coup«, in: *The Atlantic*, Mai 2009.

S. 204: Das Zitat von Anat Admati ist ihrem zusammen mit Martin Hellwig verfassten Buch entnommen: *The Bankers' New Clothes. What's Wrong with Banking and What to Do About it*, Princeton University Press 2013.

S. 205: Zu Google Holdings s. z.B.: Emmanuel Saez und Gabriel Zucman, *The Triumph of Injustice*, W. W. Norton & Company 2019, S. 74–82; oder auch: Jesse Drucker, »The Tax Haven That's Saving Google Billions«, in: *Bloomberg Businessweek*, 21. Oktober 2010.

S. 206: Die Gabriel Zucman zu verdankenden Ausführungen stammen aus: E. Saez und G. Zucman, *ibid.*, S. 112 (unsere Übersetzung).

S. 209: 60 % der Franzosen sind der Ansicht, dass die Globalisierung inkompatibel ist mit dem Kampf gegen den Klimawandel: Die Zahl stammt aus der oben zitierten Meinungsumfrage von OpinionWay für *Le Printemps de l'économie*.

S. 211: Die Zahlen über die Emissionen der weltweiten Transporte stammen aus: Commissariat général pour le développement durable, *Chiffres clés du climat – France, Europe et Monde – Édition 2020*. Die Zahlen über die Emissionen pro Kilometer sind entnommen aus: Ademe, *Alimentation – Les circuits courts de proximité*, Juni 2017.

S. 212: Der CO_2-Fußabdruck Frankreichs ist detailreich dokumentiert im Jahresbericht des Haut Conseil pour le climat. Die Zahlen zu den Emissionen in Verbindung mit dem Konsum von Erdbeeren stammen aus: Julien Adam, »La fraise: chauffée ou pas chauffée?«, in: Carbone 4 (Blog), 25. April 2013, http://www. carbone4.com/la-fraise-chauffee-ou-pas-chauffee.

S. 214: Die Zahlen zu den Emissionen der zehn reichsten Prozent der Weltbevölkerung sind Schätzungen, die begründet werden in: »Combattre les inégalités des émissions de CO_2«, Oxfam und Stockholm Environment Institute 2020.

S. 216: Zu den Folgen der Flucht und der Effizienz von Regeln s.: Aaron Cosbey, Susanne Dröge, Carolyn Fischer und Clayton Munnings, »Developing Guidance for Implementing Border Carbon Adjustments: Lessons, Cautions, and Research Needs from the Literature«, in: *Review of Environmental Economics and Policy*, vol. 13, n° 1, S. 3-22, 2019. Siehe auch: Pascal Lamy, Geneviève Pons et Pierre Leturcq, »Une proposition d'ajustement carbone aux frontières de l'Union européenne«, *Policy Paper,* Institut Jacques-Delors, Juni 2020.

S. 217: Zum Citarum s. z.B.: Nadine Freischlad, »In Indonesia, cleaning up the Citarum, "the world's dirtiest river", is now a military operation«, in: *South China Morning Post*, 5. Januar 2019. Oder auch: »Indonésie: défi titanesque pour nettoyer le fleuve le plus pollué«, in: *Capital*, 2. März 2018.

S. 218: Die Weltproduktion von Palmöl ist aufgrund der Daten der Welternährungsorganisation (FAOSTAT) berechnet. Die Schätzung zu den kultivierten Flächen beruhen auf offiziellen Zahlen der malaysischen Regierung: http://bepi.mpob.gov.my/index.php/ en/area/area-2019/oil-palm-planted-area-as-at- dec-2019.html. »45 % der Fläche für diese Plantagen waren 1989 noch von Wald bedeckt« – nach den Schätzungen von V. Vijay, S. L. Pimm, C. N. Jenkins, S. J. Smith in: »The Impacts of Oil Palm on Recent Deforestation and Biodiversity Loss«, in: PLOS One, 27 Juli 2016.

S. 219: Der Zusammenhang zwischen der Entwicklung der industriellen Agrikultur und der Zerstörung des Tropenwaldes wird analysiert in: »Situations des forêts du monde 2016«, FAO 2016.

S. 223: Dani Rodrik, »Populism and the economics of globalization«, in: *Journal of International Business Policy* 2018, S. 12-33; D. Rodrik, »L'anxiété née de la globalisation nourrit le populisme«, in: propos recueillis par Marie Charrel pour *Le Monde*, 16. Januar 2019.

S. 224: David H. Autor, David Dorn, Gordon H. Hanson und Kaveh Majlesi, »A Note on the Effect of Rising Trade Exposure on the 2016 Presidential Election«, 2. März 2017, https://economics.mit.edu/ files/12418.
Über den Zusammenhang zwischen Billigimporten aus Niedriglohnländern und Stimmen für den Front National s.: Clément Malgouyres, »Trade Shocks and Far-Right Voting: Evidence from French Presidential Elections«, European University Institute, Working Paper, RSCAS, 2017/21. Zum Brexit s. Italo Colantone und Piero Stanig, »The Real Reason the U.K. Voted for Brexit? Jobs Lost to Chinese Competition«, in: *The Washington Post,* 7. Juli 2016. Oder auch: I. Colantone und P. Stanig, »Global Competition and Brexit «, in: *American Political Science Review*, vol .112, n° 2, Mai 2018, S. 201–218. Und: I. Colantone et P. Stanig, »The Trade Origins of Economic Nationalism: Import Competition and Voting Behavior in Western Europe«, in: *American Journal of Political Science*, vol. 62, n° 4, 2018, S. 936-953. Ronald Inglehart and Pippa Norris, »Trump, Brexit, and the Rise of Populism: Economic Have-Nots and Cultural Backlash«, in: *Harvard Kennedy School Faculty Research Working Paper Series*, RWP16-026, August 2016. Yotam Margalit, »Economic Insecurity and the Causes of Populism, Reconsidered«, in: *Journal of Economic Perspectives*, vol. 33, n° 4, 2019, S. 152–170.

S. 226: Das Dani-Rodrik-Zitat stammt aus: D. Rodrik, »In Defense of Economic Populism«, *Project Syndicate*, 9. Januar 2018.

S. 229: Die Zahlen stammen aus: Sébastien Jean, »Ouverture commerciale mondiale. Deux bonds et un plateau«, *Carnets graphiques, L'économie mondiale dévoile ses courbes*, CEPII, 2018, p. 14. Und aus: I. Bensidoun und J. Couppey-Soubeyran, »Globalisation financière : après l'exubérance, un reflux des forces déstabilisatrices«, CEPII, 2018, *ibid.*, S. 16

Inhalt

Danksagung

Ich danke allen, die dazu beigetragen haben, dass ich diesen Comic machen konnte: Natürlich zuerst meinen Eltern; Agnès Chevallier, die mir das Schreiben beigebracht hat; Jézabel Couppey-Soubeyran, die an uns gedacht hat, als Hélène de Virieu an sie herangetreten ist; und eben Hélène für ihre Überzeugungskraft, ihren Enthusiasmus, ihr wiederholtes Lesen und ihre guten Ideen; ich danke auch Manu, der ertragen hat, dass ich meine Abende und Wochenenden auf dem Boden mit dieser irren Geschichte zugebracht habe, und meiner Alice, die immer wieder gelesen, dauernd Fragen gestellt und dadurch alles leichter verdaulich gemacht hat.

Isabelle Bensidoun

Für Coralie, Antoine, Alexis, Félicie, wegen ihrer ermutigenden Worte, ihrer Fragen, ihrer Vorschläge und ihrer geduldigen Unterstützung; das alles hat mich gut durch dieses Projekt gebracht.

Sébastien Jean

Danke, Jane, Adèle und Thibauld, die mich täglich daran erinnern, dass die Arbeit, selbst wenn sie in Zeichnen besteht, nicht so wichtig ist. Es gibt wichtigere Dinge im Leben – etwa Ziegelsteine unter Plastik schichten, im Regen Radfahren, Mangoldkuchen backen, Carcassonne spielen (mit Erweiterungen), auf die Jagd nach space invaders gehen, japanische Animés angucken, den Aperitif nehmen, die Beatles oder Bob Dylan in Dauerschleife hören, kurz: Zeit gemeinsam verbringen.

Enzo

Michael Goodwin | Dan E. Burr

Economix

In Economix erklärt Michael Goodwin uns,
wie unsere Wirtschaft funktioniert, von den Anfängen
über wirtschaftliches Versagen und Erfolge bis hin
zu Anomalien und Zukunftsaussichten.

»Von diesem Buch kann man nur lernen.«
Rudolf Hickel.

»Ein Comic, der uns so nebenbei und
hochamüsant die Wirtschaft erklärt.«
Franziska Augstein, SZ

352 Seiten, 17 x 24 cm,
€ [D] 24,00 | € [A] 24,70
ISBN 978-3-946593-71-3

Das Buch, das Sie in den Händen halten, war nur möglich,
weil ausser den Autoren:innen noch eine Reihe von Menschen zusammengearbeitet haben.

Verlegerin: Hélène de Virieu
Covergestaltung: Éric Pillault
Korrektorat: Nathalie Capiez und Isabelle Paccalet
Lithographie: Image Presse Édition
Herstellung: Maude Sapin
Auslandsrechte: Sophie Langlais

Und bei der deutschen Ausgabe:

Übersetzung: Edmund Jacoby
Lektorat und Korrektorat: Nicola T Stuart
Satz: Mathias Kalmár
Herstellung: Kati Klaeske
Vertriebsleitung: Renata Sielemann
Presse: Magdalena Theisen
Auslandsrechte: Maria Holtrop